SHIYUANFEIXIANLIAO

汪正煜 著

# 诗苑非闲聊

上海教育出版社
SHANGHAI EDUCATIONAL
PUBLISHING HOUSE

# 前言：

## 古典诗歌——华夏文化的 DNA

古典诗歌的鉴赏和评论，这一类的论文和著作已经很多很多，用"汗牛充栋"来形容也毫不夸张。不过，这些论述和著作大多太专业化和艰深，有的对一首诗的领悟和遐想实在太远，令一般青少年读者看不懂。由此，我一直想写一本浅显实用的，适合中等文化水平的青少年们阅读的古诗鉴赏的书，这本书尤其想为准备参加高考的高中的同学们复习应用。

说起高考，我以为和古代的科举考试也有相似之处。对科举考试，革命家们曾大加讨伐，我无意参战。但平心而论，封建社会中,平民子弟能以科举及第而入仕,改变命运,这一点还是公平的。当今社会,能以高考进入高等学府,改变人生命运,庶民也不必受"龙生龙、凤生凤、老鼠儿子打地洞"的约束,从这一点看,高考也还是必要的。

语文高考中,古诗鉴赏是一大部分。考生复习时再去翻那几大本"鉴赏辞典",已无可能。而古人的情怀、志趣、立意又和今人相差甚远,不少同学拿到古诗,最初的感觉就是看不懂。所以,本书的写作,首先就是从让人看懂古诗着手,主要介绍:如何读懂一首古诗,古诗中表达的主旨、情感,写作的题材有哪几方面,古诗中表现手法、修辞手法大致有哪几类,读懂古诗还应掌握哪些中国的古文化常识和农俗、民俗常识,等等。

古诗,这个提法,主要是指从最早的诗歌总集《诗经》开始,至汉以前的古体诗和汉乐府,乃至魏晋南北朝诗歌、唐诗宋词元曲和明清戏曲中的曲词。用"古诗"简称,是为了方便。

书名《诗苑非闲聊》,是为了说明本书的实用性,对于不参加高考的青少年读者,也可以作为阅读、鉴赏古诗的参考读物。当今,专家学者们撰写的国学研究的著作很不少,而且也都能令人浮想联翩,能以孔孟之道联系当代的经商、治国之道;能把《论语》中"民无信不立",解释为"哪怕没饭吃,信仰也能让你强大",把"诚信、信任"改释为

"信仰、理想",确实起到教育孺子的"正能量"作用。也有的专家以禅念、佛道来解释古诗,例如认为张继的《枫桥夜泊》("月落乌啼霜满天")是禅诗,用禅语,说禅意。用这种看法来解释国学或古诗,我没有本领,我只能老老实实地解释其本意,因为我的老师当年没教过我。

我大学求学时的老师,谁也无法否认他们是有本事、有学问的。他们都是二十世纪三十年代的文人,例如小说家魏金枝先生,翻译家朱雯先生。其中有的是和鲁迅一起战斗过的"左联"成员,像教授我们现代文学及写作的诗人任钧先生。还有教我们古典小说的姚蓬子,不管其历史和现实的变化如何,他还是我们"传道、授业、解惑"的恩师。教我们唐诗宋词的是马茂元先生和胡云翼先生。这些先生,现在都被奉为"鼻祖"和"宗师",不过,当年他们都是"没有改造好的资产阶级知识分子",戴着磨了边的老花眼镜,穿着旧的涤卡中山装,兢兢业业地给我们上课,就教材讲教材,就古诗钩沉,考证历史陈迹。这才叫学问。这些先生是中国文化界的脊梁。如今他们早已仙逝,我在此谨表达深切的悼念和感恩之心,并声明,我著作中的点滴学问和知识都是从他们那里剽窃而来的,并无多少新意。

还应该说明一点。我曾有十几年参加过电影、电视的创作活动,在一百多部(集)电影、电视剧中担任过编剧、导演、演员的工作。那时候"脚踏两头船",一边在搞影视,一边在教书当老师，蛮辛苦的。不过，也大有好处。熟悉了影视艺术，对语文教学和写作教学裨益甚多。文学和艺术相得益彰，我在写《影视画廊》（上海人民出版社，2002年版）一书时，叙述影视艺术常引用中国古诗的诗法加以说明，这次论述古诗时，又免不了技痒，常常用电影艺术的理论来补充说明，这样也能增强一些可读性，当然也定会贻笑大方。

　　我们并非拥有太多的古典情怀，然而，站在这片厚实沉重的华夏大地上，翻开华夏民族五千多年的文明史，我们时时可以触摸到一种不朽的民族精神和辉煌的道德传统。当你踯躅在扬着尘土的古城曲阜，仰望高耸入云的孔庙古柏；当你徜徉在汨罗江畔，追思沉渊洁身的贤哲；当你抚摸闪着幽光的西安碑林，瞻仰唐代贞观的遗韵；或者当你蹀躞于六朝古都南京，远眺钟山脚下绵延不绝的剥蚀的城墙——你一定会听到先哲们的絮絮细语，一定会看到挺立在历史风云中那一尊尊不屈的身躯，一定会感悟到古代伟大诗人的心灵、智慧、品格、襟抱和修养，去穿越时光的隧道，和千古的灵魂交流，去洗涤自己的魂魄，开启精神世界的大门。

　　十九世纪六十年代，科学家在实验中发现了人体细胞中的DNA物质，这是每个人独一无二的人体密码。那么，我们是否可以说，中国的古典诗歌，正是华夏文化的DNA。

# 目 录

体裁题材　形式内容
　　——高考答题要点概述（一）／1

主旨、情感和景物描写
　　——高考答题要点概述（二）／7

古诗诗法鉴赏例释
　　——高考答题要点概述（三）／14

热爱·敬仰·悲喜·旷达
　　——古诗题材主旨简析（一）／21

离别·思亲·思乡·羁旅
　　——古诗题材主旨简析（二）／29

爱情诗和隐逸诗
　　——古诗题材主旨简析（三）／39

咏物诗和咏怀诗
　　——古诗题材主旨简析（四）/ 48

忧国忧民　抨击权贵　体恤百姓
　　——古诗题材主旨简析（五）/ 57

咏史怀古　伤春惜时
　　——古诗题材主旨简析（六）/ 67

边塞从戎　卫国保家
　　——古诗题材主旨简析（七）/ 77

横枪跃马　慷慨悲歌
　　——古诗题材主旨简析（八）/ 87

题画诗和评画、评诗的诗歌
　　——古诗题材主旨简析（九）/ 94

诗眼和语文高考 / 100

白居易和陈逸飞的电影手法
　　——情景交融和景中寓情 / 108

电影《生死恋》的艺术魅力
　　——"物是人非"的手法 / 116

宋徽宗的科举考题
　　——侧面描写　婉转含蓄 / 122

画眉毛和应试进士
　　——古诗的"意在言外"/135

顾恺之画毫毛
　　——"小中见大"的手法 / 141

精炼和炼字 / 148

如何把情感化为物质
　　——化虚为实　形象生动 / 155

修辞手法的魅力 / 164

"血肉长城"英文如何翻译?
　　——谈古诗的含蓄 / 174

语言的音韵节奏 / 182

柳永和流行歌曲
　　——古诗的歌唱性及汉语的魅力 / 187

剽窃、借鉴和创新 / 194

秋菊落英和月黑雁飞
　　——创作的真实和想象 / 199

杜甫的《望岳》是律诗吗?
　　——关于古体诗和近体诗的区别 / 206

坦荡潇洒　任天而动
　　——苏轼《定风波》赏析 / 211

**豪情勃发　笑傲生死**
　　——从王翰《凉州词》谈及留白 / 216

**古诗鉴赏与春节民俗文化** / 221

**古诗·节日·民俗** / 229

**古诗·农历·纪时** / 235

# 体裁题材　形式内容
## ——高考答题要点概述（一）

古诗，是一种泛义的说法。这里主要是指我国古典的诗、词和曲。语文高考中的古诗鉴赏也是考核这方面的鉴赏能力。鉴赏古诗，首先要辨清其体裁和题材，即它的表现形式和表现内容。现简述如下。

一、按体裁（表现形式）区分，一般有：诗（古体诗、近体诗）、词、曲。古体诗，又称古诗、古风。汉代建立"乐府"机构，产生了乐府诗，乐府诗是古体诗的一种。近体诗，又称今体诗、律诗，包含绝句，唐代确立这种形式。词，盛行于宋代。曲，盛行于元代。

（一）古体诗：从《诗经》，《楚辞》，汉乐府，魏晋建安诗人，东晋陶渊明，到唐诗成高峰。古体诗按每句字数的多少，分四言、五言、七言等。乐府诗，标题有"歌""行""引""曲""吟"等。古体诗形式上比较自由，不受格律束缚。

唐代及其以后的人袭用乐府题名所写的古诗也称为"乐府"，如《梦游天姥吟留别》《长恨歌》《琵琶行》等。李白的《蜀道难》，袭用古乐府形式，所以也是乐府诗。

近体诗和古体诗区分年代为唐代。唐以前，有的诗作已讲究音律、对偶，如南朝梁代王籍的《入若耶溪》，五字八句，"蝉噪林逾静，鸟鸣山更幽"，对偶整齐，很像五律，但南北朝时的诗作仍属古诗。

（二）近体诗：分五言、七言，规定字数；二、四、六、八句必须押韵，首句也可押韵；诗句用字必须符合平仄的规则；讲究对仗（对偶），律诗首联、颔联、颈联、尾联中，颔联及颈联必须对仗。另外，律诗的全诗只能押一韵，一般限平声韵。如杜甫的《望岳》，看似律诗，但"了、晓、鸟、小"四字押的是仄声韵，且用字不符合平仄规则，所以是古体诗。律诗有五律、七律、排律。从格律要求看，绝句是截取律诗的四句，分五绝、七绝。杜甫的《绝句》（"两个黄鹂鸣翠柳"）中的两两对偶，是截取七律的中间四句了。

（三）词：又叫曲子词、诗余、长短句，是隋唐时兴起的配乐可歌、句式长短不齐的诗。词的特点是：每首有词牌（词调），表示音乐性；大多数分片，以分两片的居多（片，又叫阕）；押韵位置，各词调不同，每一词调有一定格式；用字有平仄，各词牌平仄有规定，所以"写词"又叫"填词"；句式长短参差不齐。词分小令、中调、长调，一般认为五十八字以内为小令，九十一字以上为长调，慢词一般就是长调。

（四）曲：盛行于元代，配乐而唱。曲包括散曲和剧曲。剧曲就是戏曲中人物唱的曲。剧曲属戏剧。元朝的戏曲即为元杂剧。散曲属诗歌。曲按地域又分为南曲、北曲。散曲分小令和套曲两大类。小令形式短小，常用抒情、写景的手法。套曲由成套的曲子组成，叙述较复杂的内容。曲，按乐谱唱，有"曲调"，用"宫调"标志曲音高低、强弱；每个"曲调"取个名字，叫"曲牌"。如《黄钟·人月圆·雪中游虎丘》，"黄钟"即宫调，"人月圆"是曲牌，"雪中游虎丘"是本曲的题目、内容。

二、按题材（表现内容）区分，可以大致分为：山水田园诗，边塞诗，咏物诗，怀古咏史诗，赠别诗，爱情诗，抒怀诗，题画诗，等等。

（一）山水田园诗：东晋陶渊明开创田园诗，南北朝谢灵运开创山水诗，唐代的代表诗人是王维、孟浩然等。这类诗往往景中寓情，表达诗人对大自然的热爱、对人生的感悟、对现实的不满或归隐避世之情，如陶渊明的《归园田居》。

（二）边塞诗：描写边塞风光，反映边塞将士艰苦的生涯、保家卫国、豪情壮志,等等,如"黄沙百战穿金甲,不破楼兰终不还"(王昌龄《从军行》);也有的在抒发报效国家、建功立业豪情中,表现出边塞的艰辛,流露出思乡之情,如"碛里征人三十万,一时回首月中看"(李益《从军北征》),"浊酒一杯家万里,燕然未勒归无计"(范仲淹《渔家傲·秋思》)。

(三)咏物诗:借自然界中的物表达诗人的情或比喻人事。所以咏物大体可以分为:咏物言志、咏物抒情、咏物喻理、咏物喻人。如明代于谦《石灰吟》:"千锤万击出深山,烈火焚烧若等闲。粉骨碎身全不怕,要留清白在人间。"咏石灰而表达自己为了国家忠诚清白、坚贞不屈、不怕牺牲的精神。唐代贺知章《咏柳》:"碧玉妆成一树高,万条垂下绿丝绦。不知细叶谁裁出,二月春风似剪刀。"诗人把春风中的柳树写成亭亭玉立的姑娘,抒发了自己热爱美好春天的欢愉之情。宋代曾巩《咏柳》:"乱条犹未变初黄,倚得东风势便狂。解把飞花蒙日月,不知天地有清霜。"同样写柳,却咏物喻人,比喻朝廷中那些得志猖狂的小人,并警告小人当心"清霜"降临而垮台。还有一些咏物诗是说理的,宋代朱熹《观书有感》便是典型。"问渠那得清如许,为有源头活水来。"所喻道理以"半亩方塘"的形象让读者去体会。

(四)怀古咏史诗:这类诗往往对历史人物或历史事件加以评判、发表观点、抒发感慨;也有的把历史和现实相联系,甚至和诗人自己的命运相联系,对世事变迁、朝代更替、人间沧桑巨变抒发了无限感慨。"朱雀桥边野草花,乌衣巷口夕阳斜。旧时王谢堂前燕,飞入寻常百姓家。"(刘禹锡《乌衣巷》)这首诗就是通过夕阳野草、燕子易主的描述,抒发了这种感慨。

(五)赠别诗:离情别绪,在这类诗中往往表达得含蓄而真挚。唐代王勃的"海内存知己,天涯若比邻"(《送杜少府之任蜀州》),这样直抒胸臆的描写,容易看懂,但中国的古诗往往表达得含蓄,情不直说,而是寄情在景中,让人体会。李白《黄鹤楼送孟浩然之广陵》:"孤帆远影碧空尽,唯见长江天际流。"此诗无一字写情,却处处深寓与朋友依恋不舍的真挚友情。

(六)爱情诗:描写男女爱慕之情、甜蜜的爱情生活,或者抒发离别相思之苦。在源远流长的华夏诗史上,这类诗的数量最多,且不乏传世经典之作。《诗经》第一首《关雎》就写了"窈窕淑女,君子好逑",而宋代的词人柳永更可以说是位"爱情王子",至于那些以"豪放派"著称的诗人,写到爱情,则也不免缠绵悱恻。

(七)抒怀诗:报效国家,建功立业、壮志豪情,或者怀才不遇、壮志未酬,等等,这些抒发情怀的诗歌,在古诗中极多。诗人抒怀,常常借助写景或咏物来表达,但也有的诗不尽如此。唐代陈子昂《登幽州台歌》:"前不见古人,后不见来者。念天地之悠悠,独怆然而涕下。""古人"就是善于招贤纳士的君主,如燕昭王,"来者"就是诗人这样得不到重用的才子,所以面对天地而"涕下",全诗抒发的就是怀才不遇的痛苦。

(八)题画诗:就是题在画作上的诗。中国古代的文化艺术中,字、画、诗三者是相通的。一个画家,书法要好,诗也要写得好。这类诗元、明、清时尤为流行。清代画家郑燮(号板桥)《竹石》:"咬定青山不放松,立根原在破岩中。千磨万击还坚劲,任尔东西南北风。"这首诗就是题咏竹石图所作。还有一类是以画为题材,评价画意或者阐述画意的诗。如宋代苏轼为著名画家惠崇的画所作的《惠崇春江晓景》:"竹外桃花三两枝,春江水暖鸭先知。蒌蒿满地芦芽短,正是河豚欲上时。"但是,我们在鉴赏题画诗时,并不是看出原画的机械再现,这类诗往往内含志趣或哲理。郑板桥的《竹石》是喻人的坚贞不屈的品格,而苏轼的诗在渲染生意盎然的美好春天中,又蕴含了万物变化有先兆的哲理。

# 主旨、情感和景物描写

## ——高考答题要点概述（二）

鉴赏一首古诗，首先要读懂它，要知道诗歌表达了什么主旨，流露了什么情感。当然，这只是古典诗歌的表层，但只有掌握了这些基本知识，我们才能走进其精神世界，进一步感悟这些诗人的思想、人格和品格。然而，时代在变迁，人的情感也同样有所变化。例如，古诗中表达的厌恶腐朽的官场生涯而归隐田园的思想，当今社会就罕见，也很难被当今青年学生所理解，所以，我们很有必要概括并总体了解古人在诗中有哪些情感、主旨的表露。

另外，古诗中的情又往往是在景物描写中寄寓或加以渲染的。那么，什么样的景会寄寓、渲染什么样的情呢？这方面有没有规律可循呢？应该说是有的。掌握了这方面大体的规律,对我们准确、全面地鉴赏古诗是很有助益的。前些年,我一位朋友的孩子在高考前夕找我,我在帮他复习古诗鉴赏时讲述了大致的规律套路。那年考核鉴赏辛弃疾一首词,他起先没看懂,按所述规律一套,此道大题得了满分。语文考了高分,帮他进入理想大学。可见"套路"还是有用的。

一、古诗中表达的主旨、情感

(一)表达热爱祖国山河、热爱大自然、热爱山水田园、热爱农家生活的主旨,洋溢着欢乐、喜悦的心情。

(二)表达对人对事的仰慕、敬仰之情。

(三)对人生、仕途,因其得意或失意(怀才不遇)而表达、流露的欢乐或悲凉的情感。

(四)仕途虽然失意,但依然自得其乐,旷达、豪放,寄情于山水,表达了高洁、旷远、壮阔的志向。

(五)离别诗:表达对朋友、恋人的离别深情。

(六)思念亲友、爱人,表达感恩、爱慕、眷恋的深情厚谊。

(七)表达思乡之情和羁旅之人的愁苦。

(八)爱情诗:这是中外文学艺术作品中永恒的题材。

(九)隐逸诗:不少人因报国无门,或厌恶官场丑陋,或厌倦世俗的蝇营狗苟,于是选择遁世、归隐山水。

(十)咏物诗:咏物言志,咏物抒怀,往往展现自己的高风亮节、不屈的性格、高洁的情操;咏物喻人,把物比喻成高雅人士或奸佞小人；咏物喻理，描写事物，其实内含哲理。

（十一）咏怀诗：这类诗和咏物抒怀诗不同，在于它不是借托物来抒发胸臆的，表达的往往是渴望建功立业、报效国家的豪情，但往往怀才不遇、仕途失意，内心悲愤、惆怅。

（十二）表达忧国忧民之情，为国家为百姓甘愿呕心沥血，或者表达国破家亡的伤痛。

（十三）抨击朝廷、权贵的黑暗腐败，描写百姓的痛苦，揭露社会的不公。

（十四）咏史怀古诗：发思古之情，抒自己胸怀，或评判历史，发表自己的观点，抒发赞扬、敬仰、抨击、惋惜、伤痛等情感。大多数咏史诗，往往对世事变迁、朝代更替、人间的沧桑巨变，表露自己内心的无限感慨。

（十五）表达伤春、惜春之情，以美好的春天的流逝，比喻岁月、人生、青春的流逝，而发出无尽感叹。

（十六）边塞诗：表现保家卫国、甘愿为国牺牲的豪情壮志，或描写边关将士艰苦的战斗生活；或描写将士的思乡之情；或揭露朝廷不关心边关将士，穷兵黩武；或表露反对战争，祈求各民族和睦，以及渴望和平之心。

（十七）光鉴史册的爱国诗篇：这是在外族入侵时涌现的一批爱国诗人所写的诗篇，如宋代陆游、岳飞、辛弃疾、文天祥等人，诗中表达的是抗敌救国、收复中原、报效朝廷之情，但往往受到投降派打击，壮志未酬，内心悲愤、惆怅；或表现自己忠于朝廷、忠于国家，为国献身、誓死不屈的壮志豪情。

（十八）诗论、画论：在中国的文人画中，要求诗、书、画三者结合，这是因为书与画的用笔相通，而诗与画的意境一致，互相补充，能使画境更为丰富和谐、主旨更为突出。自宋代苏轼、米芾起，文人墨客常在自己的画上题字、题诗，从而涌现了一批题画诗。另外，还有不少评论他人诗歌或画作的诗歌。

请注意，记住这十八类题材，对高考非常有用。

以上介绍，未必概全，亦大体如此。以后再结合具体诗歌，一一介绍。

二、古诗中描写的景象与相映衬的情感

（一）大自然景物

鲜花盛开：人生充满希望、欢乐、喜悦。

花木凋落：人生挫折失意、悲凉、惆怅。

春天远逝：惜春，哀叹青春消逝，对美好人生留恋。

菊花：隐逸田园，高洁旷远胸怀，不与世俗同流合污。

梅花：傲霜怒放，坚贞不屈，高洁胸怀。

兰花：高洁不俗，不与世俗同流合污。

牡丹：富贵、高雅、美好的人生。

野草：生生不息的生命力，或表示身份、地位卑微；而草原喻辽阔人生。

柳条、柳叶:"柳"者,留也,常表示送别离情,依依不舍,或表示美好的春色,边塞诗中常以咏柳表达思乡之情。

松柏:坚贞不屈,顽强的生命力,不怕艰难险阻。

竹:高尚的气节,积极向上的品格。

树叶:绿叶茂盛,充满希望和活力;黄叶凋零,人生迟暮。

梧桐:凤凰高栖,品格高雅;或表示凄苦情怀。

江水:岁月流逝,时光短暂,历史趋势不可阻挡。

海洋:辽阔豪迈的气势;海浪翻腾喻人生波澜起伏。

烟雾:渲染蒙眬氛围,表达凄苦、迷茫情怀,多喻人生失意或离别深情。

春风:美好、欢悦、热爱的情怀;西风:惆怅、悲凉、思乡。

雨:春雨绵绵,充满生命力,带来美好的希望;暴雨:常喻扫荡邪恶的无穷力量,或喻挫折、磨难。

云:漂泊的游子,羁旅之人。

霜露:人生短暂,生命易逝,或喻恶势力嚣张,人生坎坷。

冰雪:纯洁美好的情怀,或喻邪恶势力猖狂。

阴霾密布:愁苦、寂寞、遭受磨难。

阳光灿烂:前途光明,欢悦奔放。

夕阳：失落、消沉或暮年美好。

月亮：思乡、思亲，人生圆满或有缺憾。

（二）自然界禽鸟走兽

子归（杜鹃）：渲染悲凉、凄惨气氛；杜鹃啼血之死喻不渝精神。

猿猴：叫声哀伤、凄厉，江岸山中常鸣。

孤雁（断雁）：孤独、悲哀、失意，思乡之情，传递音讯。

鸿鹄：高远的志向。

雄鹰：人生搏击，追求事业成功，表达自由奔放性格。

骏马：追求人生理想；瘦马：漂泊凄苦情怀。

游鱼：歌颂自由美好的生活和理想。

乌鸦：渲染愁苦悲凉气氛，或比喻奸邪小人。

沙鸥：表达飘零伤感情怀，或写其翱翔太空，比喻期望有所作为。

（三）器物、色彩等

石灰：喻清白情操，坚贞不屈、甘愿牺牲精神。

酒：欢乐、得意或失意、惆怅、痛苦。

冠冕：喻官位、名望。

珍珠美玉：高洁、美丽、脱俗，常喻高尚的人品。

白色：喻纯洁，无瑕、高尚，但也表示丧事。

红色：热情奔放、青春活力，也表示喜事。

绿色：和平、纯洁，充满希望、生命活力。

蓝色：高雅、旷远品格，有时也渲染犹豫气氛。

黄色：温暖、和平。

紫色：高贵、神秘、典雅。

黑色：庄重、神秘，或渲染阴暗、绝望氛围，表达命运的坎坷。

有的诗中描写大自然多种色彩，是为了表达热烈欢乐的氛围，流露诗人的热情和喜悦的心情。

有的诗中描写宽广的大自然，是为了表达诗人胸怀的宽广、气势的豪放，或反衬个人的渺小、人生的短暂、情感的孤寂等。

以上介绍，难免挂一漏万，聊作参考。至于真正弄懂古诗中情与景的关系，还应结合具体诗作解析、鉴赏。而古诗中景与情的反衬关系，也留待后面再讲述。

# 古诗诗法鉴赏例释

## ——高考答题要点概述（三）

我国古典诗歌在长期的艺术实践过程中，创造了丰富的艺术表现手法，了解这些手法的规律和特点，对于鉴赏古诗是非常有用的。而从唐宋以后，也有不少讨论诗法的专著。如唐代托名王昌龄的《诗格》、皎然的《诗式》等。宋代欧阳修的《六一诗话》更创诗话之首，其后，严羽的《沧浪诗话》、魏庆之的《诗人玉屑》等，以及近代王国维的《人间词话》，都是论诗法的专著。这些研究对古诗艺术传统作了分析、总结，给我们不少启迪，后人的许多研究以及中学语文教材中的一些说法，无非借鉴沿袭前人说法而已。所以，简单归纳，例释一些诗法，对我们鉴赏古诗很有必要。

古诗鉴赏有个步骤。一般来说，先要辨析、理解诗中写了些什么，所写的景和物、人和事，表达了什么内容。其二，分析描写的顺序、角度：时间、空间顺序，动态、静态角度，五官感觉角度（色彩、声音、气味、味道、触感等）。其三，分析运用了什么表现手法，如直抒胸臆、情景交融、运用史料典故，等等。其四，看表达了什么情感，联系作者的生平遭遇，去联想感悟。其五，提炼诗中表达的主旨。应该说，古人的思想情感和今人相去甚远，但我们也可以从景和情的关系中找到一些规律，这一点，将专门撰文讲解。下面着重例释常用的古诗表现手法。

一、描写的顺序和角度

（一）时间、空间顺序

"秦时明月汉时关，万里长征人未还"（王昌龄《出塞》），就是以时间顺序写，从秦汉以来出征的将士都战死疆场了。"三峡江声流笔底，六朝帆影落樽前"（米芾《望海楼》），是从空间和时间两个方面拓展了诗歌的境界。

（二）描写的角度

"几番画角催红日，无事沧洲起白烟"（同上）从色彩（红、白）、声音（画角）、动态（催、起）等各个角度写景。

二、直抒胸臆

直接把情感思想表达出来。这种写法往往使情感喷薄而出，有很大冲击力。"海内存知己，天涯若比邻"直抒对朋友的深情厚谊。"多少恨,昨夜梦魂中。还似旧时游上苑,车如流水马如龙。花月正春风。"南唐李煜在亡国后写的这首《望江南》,开头直喷一个"恨",恨梦中的美好景象,因为一去不返了。

三、赋、比、兴

这是《诗经》中常用的手法,在历代的古诗中也用得最多。《孔雀东南飞》中描写刘兰芝的外貌、嫁妆,用了大段的铺陈、描写、叙述,就是"赋"的手法。比即比喻,"指如削葱根,口如含朱丹。"兴,以他物起兴要叙述的事物,"孔雀东南飞,五里一徘徊",以孔雀的恩爱、眷恋引出焦、刘的不渝爱情。

四、情景交融,景中寓情

(一)情景分写

以景渲染、烘托气氛,再写出情。"渭城朝雨浥轻尘,客舍青青柳色新"(王维《送元二使安西》),渲染细雨中离别的氛围;后一句"劝君更尽一杯酒,西出阳关无故人",抒发离别的深情厚谊。"风萧萧兮易水寒"(《易水歌》),烘托悲壮气氛;后一句"壮士一去兮不复还",写决死之情。

(二)景中寓情,寓情于景

"孤帆远影碧空尽,唯见长江天际流。"景中包含着李白对朋友孟浩然的深厚的离别之情。

王国维在《人间词话》中把这一类写的景分为"无我之

境"和"有我之境"。

无我之境,即景色中不包含人主观的色彩,而是人触景生情,人的感情由外物引起。"采菊东篱下,悠然见南山。山气日夕佳,飞鸟相与还。"(陶渊明《饮酒》)诗人看到夕阳西下、飞鸟回巢,触动归隐之心。有我之境,是诗人自己的心情外加到景物上去,是缘情写景,"物皆着我之色彩"。"国破山河在,城春草木深。感时花溅泪,恨别鸟惊心。"(《春望》)花不会掉泪,鸟不会惊心,这是杜甫在安史之乱中自己的感受罢了。诗句中用了比拟手法。有我之境的诗,一般都要用比喻、比拟等修辞手法。

景的描写,无论是起渲染作用,还是景中寓情,都和情交融在一起。情景交融,这是中国古诗的一大特点。

五、化虚为实,以实寓虚

> 少年听雨歌楼上,红烛昏罗帐。壮年听雨客舟中,江阔云低断雁叫西风。　而今听雨僧庐下,鬓已星星也。悲欢离合总无情,一任阶前点滴到天明。
>
> 　　　　　　　　　(蒋捷《虞美人·听雨》)

这首词写人生三个阶段:少年得意,用在红烛摇曳的罗帐里寻欢表达;中年失意,写乌云孤雁西风;晚年无可奈何,用听任屋檐的雨水点点滴滴到天明表示。人的情感化为具体的景和物，造成一种意境让读者去体味。

虚是人的思想感情，实是外界的景色物象。把人的心境物化，就是把无形的看不见、摸不着的心理状态，以有形的看得到的景物状态来表现。日常生活中，我们也经常有这种化虚为实的说法，如：紧锁双眉，咬牙切齿，分忧解愁，结怨饮恨，等等。

有时候，化虚为实的写法，还要运用比拟的修辞手法。"剪不断，理还乱，是离愁"（李煜《相见欢》），"只恐双溪舴艋舟，载不动许多愁"（李清照《武陵春》），这两段诗句中都把"愁"比拟作了具体的实物。

六、侧面衬托描写，宛转含蓄表达

《牡丹亭》里，写杜丽娘美丽："沉鱼落雁鸟惊喧，羞花闭月花愁颤。"李白写西施："秀色掩今古，荷花羞玉颜。"（《西施》）两者都是用了侧面表达，而更加宛转含蓄。北宋范仲淹《苏幕遮》："山映斜阳天接水，芳草无情，更在斜阳外。"这也是侧面含蓄表达自己思念的人远在天涯外。杜甫的《月夜》，李商隐的《夜雨寄北》，自己思念妻子，却说对方想自己，同样是侧面描写。

七、反衬手法

以声写静，以动写静，以静写动，乐景衬哀。

"蝉噪林逾静，鸟鸣山更幽"，"绿树村边合，青山郭外斜"（孟浩然《过故人庄》），"昔我往矣，杨柳依依"（《诗经·采薇》），都是用了反衬手法，目的在写景言情，外物经过"心灵化"表现人的情感，西方美学称为"移情作用"。李白《独坐敬亭山》：

众鸟高飞尽，孤云独去闲。
相看两不厌，只有敬亭山。

云和山都在动，在看李白，正表达诗人怀才不遇、孤寂沉闷的心情。他的《望庐山瀑布》中，"遥看瀑布挂前川"则是把"飞流直下三千尺"的瀑布，以静写动了。

八、抓住典型特色，以少总多，以小见大，耐人寻味

"细雨鱼儿出，微风燕子斜"（杜甫《水槛遣心》），"天街小雨润如酥，草色遥看近却无"（韩愈《早春呈水部张十八员外》），诗人仔细观察生活，抓住景物特点，以小见大，令人展开想象。"浓绿万枝红一点，动人春色不须多"（王安石《咏石榴花》），一点红，令人想到万紫千红的春色。"浮萍断处见山影"（张先《题西溪无相院》），山影令人想到雄伟的高山。有时，小事物还能表现重大思想内容。"春城无处不飞花，寒食东风御柳斜。日暮汉宫传蜡烛，轻烟散入五侯家。"（韩翃《寒食》）诗中写汉桓帝时代宦官气焰嚣张，实际在讽谏唐朝的宦官专权。

## 九、多种修辞手法的运用

夸张:"燕山雪花大如席,片片吹落轩辕台"(李白《北风行》),写幽州思妇怀念丈夫。"似将海水添宫漏,共滴长门一夜长"(李益《宫怨》),写失宠宫女长夜难熬。

对比、对照:"野径云俱黑,江船火独明"(杜甫《春夜喜雨》),写美感,喜悦之情。"冠盖满京华,斯人独憔悴"(杜甫《梦李白》),抨击现实,对李白同情。

通感:"香雾云鬟湿,清辉玉臂寒"(杜甫《月夜》),"冷红泣露娇啼色"(李贺《南山田中行》),等等。

其他的手法不一一例举。

## 十、用史料典故

辛弃疾的词中用得最多,这里不再例举。

关于这部分内容,后面还将不揣重复,分类详细讲述。

# 热爱·敬仰·悲喜·旷达

## ——古诗题材主旨简析（一）

对于古人在诗中表达的思想情感，今人往往很难理解，例如隐逸隐居。像王维，官至国务院总理一级，锦衣玉食，出入宝马车，日子过得舒适，偏要写远离尘世归隐之诗。至于诗渗禅意，流动空灵，现在的年轻人更难以领悟。在喧嚣的大城市，想要领悟"空山不见人，但闻人语响。返景入深林，复照青苔上"（王维《鹿柴》）这样的悠远意境也是几乎不可能的。

所以，鉴赏古诗先不必去探究什么佛语、禅意，而先应了解古人在诗中表达的思想情感，以及所创造的意境。尤其在语文高考时，相关的考题要回答正确，就必须先对这首诗加以理解，然后再进一步赏析。

下面,将对古典诗词所表现的主旨、意境以及诗人的情感、志趣大致归纳,并分别举例加以简要说明。

一、表达热爱祖国山河、热爱大自然、热爱山水田园、热爱农家生活的主旨,洋溢着欢乐、喜悦的心情。

举例:

两个黄鹂鸣翠柳,一行白鹭上青天。
窗含西岭千秋雪,门泊东吴万里船。

(杜甫《绝句》)

这首诗是杜甫长期漂泊后重返成都定居所写,诗中用鲜艳的色彩,黄、绿、白、青,以小见大,描写春天的美景;三、四两句,从窗棂、门框遥看远处的景色,令人遐想。全诗处处洋溢着热爱春天的欢悦之情。

应怜屐齿印苍苔,小扣柴扉久不开。
春色满园关不住,一枝红杏出墙来。

(叶绍翁《游园不值》)

"值",文言解释"遇到"。去拜访朋友未遇,朋友在不在家呢?在家。第一句就写出这位朋友是怜惜自己花园的小道花草被人踏坏,所以不开门。但是诗人却富有阿 Q 精神,以极新颖的构思说，春色美景是关不住的。

> 故人具鸡黍，邀我至田家。
> 绿树村边合，青山郭外斜。
> 开轩面场圃，把酒话桑麻。
> 待到重阳日，还来就菊花。
> （孟浩然《过故人庄》）

诗人去拜访老朋友，以平实的诗句描写了朴实的农家生活，全诗浑然天成，后人评价"语淡而味终不薄"（沈德潜《唐诗别载》）。颔联中"合""斜"两字以动写静。树会合？山也斜？并非地震，而是写绿树茂密、青山绵亘。颈联两句写农家宽敞舒展的景象，展现了盛唐的繁荣。尾联写出了老友的盛情，也侧面写了盛唐太平盛世。如今许多人作文喜欢晦涩刁怪，向孟浩然同志学学吧。

> 茅檐长扫净无苔，花木成畦手自栽。
> 一水护田将绿绕，两山排闼送青来。
> （王安石《书湖阴先生壁》）

朋友湖阴先生，平民百姓也。诗人与他交往，乐趣无穷。四句写景，却处处写人。一、二句写环境洁净清幽，暗示主人情趣高雅。三、四两句拟人手法,把山水性格化,能护田绕绿,能开门送青,和主人相亲相爱,正因主人高洁。全诗既表达对大自然的热爱,又表达了对朴实勤劳的友人的真挚情意。

二、表达对人、对事的仰慕、敬仰之情。

杜甫和李白友情甚笃,听到李白被放逐,感慨万千,写了不少诗,表达了对李白的思念和仰慕,《寄李十二白二十韵》诗中说,当年有号称"狂客"的人,称李白为谪居世间的仙人,他落笔写诗,风雨为之感叹,鬼神也感动地哭泣。("昔年有狂客,号尔谪仙人。笔落惊风雨,诗成泣鬼神。")对李白奇伟瑰丽的诗篇,杜甫赞扬备至:"白也诗无敌,飘然思不群。"(杜甫《春日忆李白》)清代杨伦在《杜诗镜铨》中评论此诗说:"惟太白天才超逸绝尘,杜所不能压倒,故尤心服,往往形之篇什也。"心服、敬仰是真的,但更表达了对朋友的深情厚谊,所以尾联说:"何时一樽酒,重与细论文",思念之情,溢于言表。

杜甫在《蜀相》一诗中,则表达了对诸葛亮才华的高度赞扬和无限的敬仰、惋惜之情:

蜀相祠堂何处寻,锦官城外柏森森。
映阶碧草自春色,隔叶黄鹂空好音。
三顾频烦天下计,两朝开济老臣心。

出师未捷身先死，长使英雄泪满襟。

诗的上半首写景，渲染了宁静、肃穆的气氛，令人不由睹物思人，追怀先哲，景中寓情。下半首表达了对诸葛亮的无限仰慕，也暗中流露自己报国无门的怅然之情。

三、对人生、仕途因其得意或失意（怀才不遇）而表达、流露出欢乐或悲凉的情感。

这类题材在古诗中甚多。"仰天大笑出门去，我辈岂是蓬蒿人。"（《南陵别儿童入京》）这是李白听闻皇帝召见，得意之甚。"安能摧眉折腰事权贵，使我不得开心颜！"（《梦游天姥吟留别》）这是受到排斥，李白愤懑而显露高傲不屈。流放夜郎后不久，又获皇帝赦免，李白心情又变得轻松愉快："朝辞白帝彩云间，千里江陵一日还。两岸猿声啼不住，轻舟已过万重山。"（《早发白帝城》）你看，他笔下的山山水水也变得明朗欢快。"轻舟"，侧面写出长江流水的湍急，船速很快，所以舟也"轻"了，实际上更写出诗人心情的轻快。不过纵观李白一生，他政治上受到排挤，怀才不遇，四处流浪，孤寂苦闷，这种无限的感慨不断表现在诗作中。"牛渚西江夜，青天无片云。登舟望秋月，空忆谢将军。余亦能高咏，斯人不可闻。明朝挂帆席，枫叶落纷纷。"（《夜泊牛渚怀古》）"谢将军"是东晋镇西将军谢尚，当时一位才子袁宏因被谢尚赏识推荐而仕途畅达。李白说自己也有才华,但知音("斯人")难遇,还是归隐江湖吧!末句写"枫叶",其实是典型的景中寓情,隐含内心的怅惘、苦闷。

还应指出,许多诗人的这种悲欢之情,往往不是直抒,而是在景色描写中寄寓的。

千山鸟飞绝,万径人踪灭。
孤舟蓑笠翁,独钓寒江雪。

(柳宗元《江雪》)

这是唐代柳宗元受到打击,被贬斥至永州时写的。中学生一般在语文课学过他这时期写的《捕蛇者说》,文中借捕蛇痛斥猛于虎的黑暗朝政,而这首诗则将自己比拟为一个寒江独钓的渔翁,冰天雪地,人鸟都绝迹了。全诗写的是景,却表达了自己孤立无援、悲愤的心情,但又显出坚贞不屈的品格。

四、仕途虽然失意,但依然自得其乐,旷达、豪放,寄情山水,表达了高洁、旷远、壮阔的志向。

古代诗人在政治上遭受挫折、磨难,乃至经历人生的苦难之后,却依然乐观积极,这种旷达是对荣辱得失的超越,是对社会现实更深层的忧患,是返朴归真的人生态度,是在黑暗现实中再度崛起的光明的精神力量。

请看唐代刘禹锡《秋词》:

自古逢秋悲寂寥，我言秋日胜春朝。
晴空一鹤排云上，便引诗情到碧霄。

这是诗人参加了王叔文的革新运动失败后被贬朗州司马时所写，当时王已被赐死，诗人遭受严重打击，却不消沉。他在诗中断然否认前人悲秋的观念，而以对比手法描写碧空万里、白鹤凌云、明亮辽阔的秋景，显示了傲然不屈、不同流合污的高远旷达志向。

古人这种旷达、豪放不羁的胸怀，常常寄托于山水之间。他们沉浸在美好的大自然中，自得其乐。欧阳修的《醉翁亭记》，可以说是这种寄情山水的典范。古诗中也常常有这样的表现。请看王昌龄的《龙标野宴》：

沅溪夏晚足凉风，春酒相携就竹丛。
莫道弦歌愁远谪，青山明月不曾空。

王昌龄是盛唐著名的边塞诗人，曾远赴西鄙，写下过"黄沙百战穿金甲，不破楼兰终不还"这样激昂悲壮的诗篇，但一生仕途依然坎坷。此诗正是他被贬到龙标以后所写。李白为他被贬而愤然不平，写诗深切怀念，表示"我寄愁心与明月，随君直到夜郎西"（《闻王昌龄左迁龙标遥有此寄》）的心意，而王昌龄在被贬后何等飘逸潇洒：夏夜披着凉风散步,携酒举杯畅饮在竹林,不要说为远谪而愁吧,青山明月夺不走,还能让我欣赏。莫愁,实际上内心还是深深地忧患,而青山明月,既是大自然美好的象征,也是诗人精神和人格的象征。

清风、明月、高山、流水,这些天地间永恒的胜景,往往是诗人旷达情怀的寄托所在。

宋代黄庭坚在贬官以后写有《鄂州南楼书事》诗四首,其中一首写道:"四顾山光接水光,凭栏十里芰荷香。清风明月无人管,并作南楼一味凉。"诗写的是夏日清凉的景色,表达的是被罢官以后无拘无束的舒畅、旷达心情。清风明月,皇帝老子也管不了啊!

在命运的残酷打击后,在极度忧郁、孤独中,能显现一种豁达开朗的心境,在古代还有一位伟大的诗人,那就是——苏东坡。

后面,我们再具体赏析苏轼的一首著名词作《定风波》。

# 离别·思亲·思乡·羁旅

## ——古诗题材主旨简析（二）

一、离别诗：表达对朋友、恋人的离别深情。

古代交通不便，信息传递也很困难，所以与朋友、家人离别更为依依不舍，这一点今天的人是很难体会的。在古诗中此类题材甚多，而且往往把情和景交融在一起，在景色描绘中也融汇着深情厚谊。像李白的"孤帆远影碧空尽，唯见长江天际流"，景色描绘深含对朋友孟浩然的惜别之情。王维的"劝君更尽一杯酒，西出阳关无故人"，则是在景色渲染后，直接表达情感。

再举例如下。

长亭外，古道边，芳草碧连天。

晚风拂柳笛声残，夕阳山外山。

天之涯，地之角，知交半零落。

一瓢浊酒尽余欢，今宵别梦寒。

(李叔同《送别》)

这是首经典的骊歌，太有名了。尽管这不是古诗，作者也不是古人，但还是值得讲解一下这首诗。

弘一法师（1880—1942年），俗名李叔同，是近代著名的高僧，又是诗人、画家、书法家、音乐家……为世人留下了宝贵的精神财富。这首《送别》诗作于1914年，并以美国歌曲《梦见家和母亲》（约翰·奥德威作曲）的曲调谱曲，遐迩传唱，在《城南旧事》等电影中还作为插曲。

送别，是中国古典诗歌的母题。长亭饮酒，古道相送，折柳赠别，夕阳挥手，芳草含情，这些都是千百年来古诗中送别的常用意象，此诗则集以大成，形成一种很大的情感上的冲击力，再加上优美而又幽忧的乐曲一唱，更是极其感人。从考证材料看，诗人"送别"的是哪一位朋友，至今不知，不过，从诗的意思看，诗中先描绘离别时的景色，渲染离别气氛，接着抒发知交零落天涯的忧伤，最后两句是感叹欢乐短暂，想象别后的孤清。此诗写作时，李叔同尚未出家，所以有人分析，此诗不仅写与朋友离别，更可能是写自己即将告别世俗，弃世出家。

扬子江头杨柳春,杨花愁杀渡江人。
数声风笛离亭晚,君向潇湘我向秦。

(郑谷《淮上与友人别》)

这一首诗描写的意象显然和上一首很相似。"淮上"即扬州。一、二句是即景抒情,杨柳依依,杨花飘飘,渲染离愁别绪,尤其是离别地点在扬子江头的渡口,更愁杀人。"柳"寓意"留"也。而三、四句中"风笛"声,风送笛声,也许吹奏的是象征离别的《折杨柳》吧,以声音加以渲染。最后一句直抒两人各分南北的愁苦。这首诗的特点是以景和声反复渲染,最后一句戛然而止,但分离在潇湘和秦,一南一北,却是景中寓深情。

一向年光有限身,等闲离别易销魂。酒筵歌席莫辞频。　满目山河空念远,落花风雨更伤春。不如怜取眼前人。

(晏殊《浣溪沙》)

宋词中也有不少表示离别伤感的,不过晏殊这首词是把离愁和伤春、惜别和惜春结合在一起了,写感叹离别之情和时光流逝的双重伤感。首句"一向",意思是一会儿、一霎那(的时光)。有限的生命,加上平常离别的痛苦,所以要及时行乐，不要推辞。下阕写景，则是景中寓情，远眺山河，思念远方亲人，看到风雨中的落花，想到青春易逝，末句依然感叹，还是要及时行乐啊！

相比唐诗，宋词中议论、直抒胸怀的语句较多些，而以景渲染、以景抒怀的，在唐诗中较多。比较上面这两首，就可以领悟。

二、思念亲友、爱人，表达感恩、爱慕、眷恋的深情厚谊。

这一类不是爱情诗，爱情诗在后面有一节专门分析。

> 慈母手中线，游子身上衣。
> 临行密密缝，意恐迟迟归。
> 谁言寸草心，报得三春晖。
>
> （孟郊《游子吟》）

一千两百多年前的这首名诗，表达了对母爱的无限感激之情，至今流芳。全诗的最后两句，译成白话文却往往译不准确。应解释为：谁能说儿女们像小草那样的心意，能报答慈母像春天的阳光那样的恩情呢？这是句反问句，意思是无法报答。两句都是比喻，要把本体和喻体译出。"三春"，不是三个春天，而是泛指春天。

古诗中表现思念亲友的诗歌不少，中学语文教材中学到的杜甫的《春望》，写自己在安史之乱时被困于长安，而思念在鄜州的妻子，情真意切，十分感人。李白也写过这类题材，不过是描写女子思念远在边关的丈夫，就有《子夜吴歌》，春夏秋冬歌四首。下面举《秋歌》一首为例：

长安一片月，万户捣衣声。
秋风吹不尽，总是玉关情。
何日平胡虏，良人罢远征？

诗中写长安城月色朗照，千家万户传来捣衣声，秋风吹不尽女人们对远征在玉门关外的丈夫的思念之情，哪一天他们扫平胡虏，不必再去远征？首句写明月，正是渲染气氛，见月色而思念亲人，也是古诗传统写法。古人制衣，先要把麻、帛用杵捣软，月光下为丈夫捣衣，引起思念。月光和捣衣声，写光写声，更加强思念之情。所以，李白这首诗，词语看似平实，不过三十个字，却用色彩、声音、画面刻画了一个电影般的场景，表达了古代劳动群众渴望和平的美好愿望。

古诗中思念亲友的诗歌，有的是直抒胸臆的，如杜甫《月夜忆舍弟》：

戍鼓断人行，边秋一雁声。

露从今夜白,月是故乡明。
有弟皆分散,无家问死生。
寄书长不达,况乃未休兵。

安史之乱,兄弟分离,生死不明,作者不免倍加思念,戍鼓、雁声、明月,也都是为思念增添气氛。

也有的诗是侧面描写思念之情。唐代李商隐《夜雨寄北》,"君问归期未有期",字面上写妻子问他何日回家,在思念他,实际上是侧面写自己思念妻子,更深一层道出离别之苦,所以写"巴山夜雨涨秋池",也是以景抒离愁思情。三、四两句想象将来与妻子会面的情景:"何当共剪西窗烛,却话巴山夜雨时。"其恩爱之景更显出今日思念之切。有人分析,这首诗是李商隐写给朋友的,纯属臆测。"朋友"是男性吧?那三、四两句的恩爱,岂非同性恋啰?也有人说,这首诗是李商隐的妻子来信询问他何时回家,李商隐回信,所以开句说"君问归期未有期"。这又是很滑稽的分析,把古代当作今天可以通"伊妹儿"、微信的时代了。其实,"君问"是自己想老婆,如同杜甫思念妻子却说"今夜鄜州月,闺中只独看"(《月夜》),说妻子在想自己。侧面描写而已。

三、表达思乡之情和羁旅之人的愁苦。

中国的唐诗,外国友人背诵最多的一首是李白的《静夜思》:"床前明月光,疑是地上霜。举头望明月,低头思故乡。"

字数少,容易记,更主要的是思乡之情,古今中外相通。

然而,古典诗歌表达思乡主旨的,并非都如李白这首一样明白易晓,许多诗歌这种情感是景色描写中深含的。这一点,在语文高考答题中是必须仔细而小心的。

> 昔人已乘黄鹤去,此地空余黄鹤楼。
> 黄鹤一去不复返,白云千载空悠悠。
> 晴川历历汉阳树,芳草萋萋鹦鹉洲。
> 日暮乡关何处是?烟波江上使人愁。
>
> (崔颢《黄鹤楼》)

这是首很著名的律诗,据说当年李白登楼见到崔颢的题诗,也慨叹:"眼前有景道不得,崔颢题诗在上头。"这首诗开头就写古代在此建观的仙人乘鹤仙去楼空,千载悠悠,世事茫茫,接着描写眼前远眺的景色,显现凄婉苍凉氛围,但全诗主旨却在尾联,在"烟波江上"为何愁苦,因为"日暮乡关何处是"。可见全诗无论写景,还是抒情,都在尾联点题旨:思乡。还值得一提的,这首诗虽为律诗,却不协律,不死扣平仄,第三句的七个字就几乎全部是仄声,但音律依然流畅不拗口。

> 马穿山径菊初黄,信马悠悠野兴长。

> 万壑有声含晚籁，数峰无语立斜阳。
> 棠梨叶落胭脂色，荞麦花开白雪香。
> 何事吟余忽惆怅，村桥原树似吾乡。
>
> （王禹偁《村行》）

王禹偁得罪宋太宗被贬官商州，却旷达乐观，寄情山水。他曾自嘲："平生诗句多山水，谪宦谁知是胜游。"（《听泉》）《村行》一诗就是一幅色彩艳丽的山水画。视觉角度的有"菊、数峰、斜阳、棠梨叶、荞麦花"，黄、青、血红、胭脂色、雪白，色彩斑斓；听觉有晚籁声；嗅觉有荞麦花香；修辞手法有比喻、拟人，还以声反衬宁静，更衬托山村的安谧迷人。可以说这不是画而是立体声电影了。然而全诗真正主旨却在尾联，点明这里一切太像自己故乡了，思乡之情喷薄而出。

这里还值得一提的是唐代张继的《枫桥夜泊》："月落乌啼霜满天，江枫渔火对愁眠。姑苏城外寒山寺，夜半钟声到客船。"这首诗太有名了，有人把它演绎成多首流行歌曲、儿童歌曲，中国国家交响乐团还演奏过以其创意创作的音诗《枫桥夜泊》。然而，这些新的创作者未必真正领悟原诗的意境和主旨，更好笑的是，有人说此诗是张继赶考进士以后所写，所以有首儿童歌曲的旋律也显现一种欢乐情绪。其实这是首羁旅漂泊者的思乡之歌，表现的是身处乱世、无处归宿的家国之忧。

羁旅是古代社会常见而特有的现象，表达这种思乡、愁苦的诗作也不少。

> 枯藤老树昏鸦，小桥流水人家，古道西风瘦马。夕阳西下，断肠人在天涯。
> （马致远《天净沙·秋思》）

这首小曲，又是千古绝唱。前三句九个名词，就勾勒出一幅荒野郊外凄凉图景，夕阳渲染更显哀苦，"天涯"的"断肠人"就是长期漂泊的羁旅之人。曲中主旨是：天涯漂泊者，何时回故乡？后人推崇此曲"深得唐人绝句妙境"（《人间词话》），堪称"秋思之祖"（《中原音韵》）。

阅读、鉴赏这一类诗歌，尤其在高考答题时，不要被景色描绘所迷惑，而要抓住全诗关键的词、句。

唐代温庭筠的《商山早行》：

> 晨起动征铎，客行悲故乡。
> 鸡声茅店月，人迹板桥霜。
> 槲叶落山路，枳花明驿墙。
> 因思杜陵梦，凫雁满回塘。

其颔联十个字，六个名词点染"早行"，渲染肃杀清冷气氛，也表达一种孤独凄凉的心情，主旨在首联，远行的人为思念故乡而悲伤，尾联写思念故乡的美景，正是与开头呼应。显然这又是首羁旅思乡诗。再举例如下：

故园一千里，孤帆数日程。倚篷窗自叹飘泊命。城头鼓声，江心浪声，山顶钟声。一夜梦难成，三处愁相并。

（汤式《双调·庆东原·京口夜泊》）

这首写羁旅之愁的元曲小令也十分出色。京口，即今日镇江。宋代王安石也有首诗写到此处："京口瓜洲一水间，钟山只隔数重山。"（《泊船瓜洲》）汤式是宁波人，按当今交通，宁波离镇江不远，坐高铁三个多小时可到，然而古代却不然。曲中写作者倚船窗叹息，乡愁不绝，悲从中来，尤其妙在以鼓声、浪声、钟声三种声音烘托、渲染愁绪，也把抽象的忧愁具体化入听觉之中，哀丝如缕。这种哀愁是和长期漂泊在外，对故乡的无尽思念密不可分的。

# 爱情诗和隐逸诗

## ——古诗题材主旨简析（三）

一、爱情诗

古今中外的文学艺术创作，爱情是永恒的主题，而爱情诗则是世界文学的滥觞，那些感人肺腑的精品，名闻遐迩，脍炙人口。中华古典诗歌当中，这样的作品更是举不胜举。《诗经》中的《关雎》《击鼓》（"死生契阔，与子成说。执子之手，与子偕老"）等作品可以说是最早的爱情诗，其后，每个朝代，无论哪一流派的诗人，都有以爱情为题材的佳作问世。

汉魏六朝时期是爱情诗创作的重要阶段，在南北朝的五百多首乐府民歌中大多数是爱情诗。相比一下，南朝乐府民歌表达爱情比较委婉缠绵而细腻，想念恋人时，会问"今夕已欢别,合会在何时"(《子夜歌》);"春蚕易感化,丝子已复生"(同上),用"丝"借代"思",言在此意在彼;"明灯照空局,悠然未有期"(《读曲歌》),是借明灯、下棋的棋局,来委婉含蓄地表达自己的思念。

北朝乐府民歌中,表达爱情则往往非常直接、爽快。《淳于王歌》:"独坐空房中,思我百媚郎","但使心相念,高城何所妨"。即使是高高的城墙,也挡不住思念之心。

不过,无论是委婉含蓄的,还是直爽、明快的,在这些诗歌中,我们都可以感受到那种炽烈、奔放的情感。

> 上邪!我欲与君相知,长命无绝衰。山无陵,江水为竭,冬雷震震,夏雨雪,天地合,乃敢与君绝!
>
> (《上邪》)

"老天哪,我要和你相爱啊!"这首汉乐府民歌,开篇就呼天直抒胸臆,而且表示永不变心,接着以极夸张的手法连用五件不可能发生的事表明自己至死不渝的挚爱。

民歌的这类写法和表达的真情对文人创作也有极大影响。唐代元稹的《离思五首》(其四):

> 曾经沧海难为水,除却巫山不是云。

取次花丛懒回顾，半缘修道半缘君。

诗的一、二句是从《孟子·尽心》中的"观于海者难为水，游于圣人之门者难为言"变化而来，现在常用来比喻经历过大的磨难，不再惧怕小挫折。其实原诗是借喻自己和妻子的深情如沧海之水和巫山之云，其深广和美好，世间无双。写此诗时，元稹的爱妻已亡故，所以第三句又以"花丛"比喻其他女色，表明他已毫无爱慕之心。末句更说自己所为一半是因品德学问修养，一半是因为对爱妻的眷恋。

当代歌手中有以唱情歌为其长的，被人称为"情歌王子"，像华语乐坛的张信哲、郑源，美国的迈克尔·伯顿，等等。其实，在中国的古代，早就有"情歌王子"，北宋柳永就是杰出代表。《雨霖铃》："执手相看泪眼，竟无语凝噎""念去去，千里烟波，暮霭沉沉楚天阔""多情自古伤离别，更那堪，冷落清秋节""便纵有千种风情，更与何人说"……可以举出一大堆名句，写的是离别，表达的是与恋人的"风情"。尤其是"衣带渐宽终不悔，为伊消得人憔悴"（《蝶恋花》），以侧面写衣带宽，表现人因相思之苦而日益憔悴、消瘦，其恋情何等缠绵悱恻，比起当代某些流行歌曲直呼"我爱得死去活来"，不知要诚挚多少倍。

宋朝还有位"情歌王子"秦观，即秦少游，堪称婉约派一代词宗，他的《鹊桥仙》（"纤云弄巧"），是首纯情的爱情颂歌：

> 纤云弄巧，飞星传恨，银汉迢迢暗度。金风玉露一相逢，便胜却人间无数。　柔情似水，佳期如梦，忍顾鹊桥归路。两情若是久长时，又岂在朝朝暮暮。

近代西方有些哲学家、心理学家认为，真正的爱情是一种理性的、纯情的心灵感应，而非感官的、物质的。大概一千多年前的秦观也有这样的观念。这首词以牛郎织女悲欢离合的故事为背景，他们在七夕"一相逢"，胜过人间无数次相聚，所以有结尾的"两情若是久长时，又岂在朝朝暮暮"。这样坚贞诚挚的爱情观，贯通中外，跨越时代。在写作手法上，以天上暗喻人间，以乐景反衬哀情，委婉细腻，感人肺腑。

古代的爱情诗，不同流派的诗人都有出色的诗篇。豪放派的诗人所写的许多情诗，也深挚而委婉，令人击节。

"夜阑卧听风吹雨，铁马冰河入梦来。"（《十一月四日风雨大作》）陆游写过这样豪情勃发的诗句，也写过"红酥手，黄縢酒……一怀愁绪，几年离索。错错错"（《钗头凤》）这样令人潸然的爱情诗，可以说和他的《沈园二首》一样，表达了对发妻唐婉的深挚爱情，后者兼有悼念之情，曾令一代又一代读者为之怆然感叹。

> 城上斜阳画角哀,沈园非复旧池台,
> 伤心桥下春波绿,曾是惊鸿照影来。
> 　　　　　　[《沈园二首》(其一)]
> 梦断香销四十年,沈园柳老不吹绵。
> 此身行作稽山土,犹吊遗踪一泫然!
> 　　　　　　　　　　(其二)

写作此诗时,陆游已七十五岁,又来到与发妻唐氏在沈园邂逅之处,缱绻之情不减,古稀之年却弥增。斜阳辉映,画角声声,倍添哀思,沈园的柳树老了,自己也老了,但依然仿佛看到四十年前的唐氏,不由潸然泪下。这种刻骨铭心的情意,怎能不让我们感动?

作为豪放派诗人的苏轼,同样写过不少婉约风格的爱情诗。他被贬官至惠州时,已年老多病,但红颜知己王朝云却不离不弃。苏轼写过多首给她的爱情诗。其中《蝶恋花》("花褪残红青杏小")颇为有名:

> 花褪残红青杏小。燕子飞时,绿水人家绕。枝上柳绵吹又少,天涯何处无芳草。　墙里秋千墙外道。墙外行人,墙里佳人笑。笑渐不闻声渐悄,

多情却被无情恼。

全词写的是伤春，实际上表达了恋情。

宋代词人中辛弃疾似乎例外，他曾自称："老子平生，笑尽人间，儿女怨恩"［《沁园春》（"老子平生"）］，显现英雄气概，儿女情淡。他在《祝英台令·晚春》词中曾有"断肠片片飞红，都无人管，倩谁唤、流莺声住"这样写少女思春的诗句，其他写爱情的确为罕见。有人把《摸鱼儿》（"更能消几番风雨"），《青玉案·元夕》中"蓦然回首，那人却在，灯火阑珊处"看作是写爱情，实属误解。其实诗人表达的是自己孤傲、高洁的品格。就像唐代诗人李商隐的《无题》诗，"身无彩凤双飞翼，心有灵犀一点通"，这样的诗句未必是写爱情，而是表示对朝廷的忠诚，渴求入仕而已。

## 二、隐逸诗

古代有些文人因怀才不遇、报国无门或厌恶官场的丑陋，厌倦世俗的蝇营狗苟，于是选择遁世，归隐山林，寻求内心的宁静和平衡，这就产生了一批隐逸诗。在隐逸诗中，诗人们追求"心凝形释，与万化冥合"（柳宗元《始得西山宴游记》）的境界，沉醉于美好的大自然，表现了自己高尚的人格，但依然难忘世俗世界，流露出忧患之情。

中学语文课中，学过不少隐逸诗人的诗文，陶渊明是大家非常熟悉的。《归园田居》："误落尘网中，一去三十年"，

"久在樊笼里，复得返自然"。这些诗句已耳熟能详，《归去来兮辞》也作为重点课文诵读，这里不再赘述。

应该强调的是，很多隐逸诗，在字面上往往不是像陶渊明这样直抒"归去来兮，田园将芜胡不归"（《归去来兮辞》）的，而是在具体描写中，尤其是在景物描写中隐含的。

王维的《山居秋暝》，描写树木繁花掩映的山林，如同空山般寂静，刚下了细雨，空气清新，明月朗照，清泉潺潺（"空山新雨后，天气晚来秋。明月松间照，清泉石上流"）；忽然传来洗罢衣服的姑娘们的笑声，看到渔舟顺流漂下（"竹喧归浣女，莲动下渔舟"），这里以声反衬，以动反衬，写出了一幅宁静的世外桃源景象，但全诗的主旨却在最末两句（"随意春芳歇，王孙自可留"）。留在何处？留在这个洁净高雅的大自然，归隐在此。全诗写景，内含高洁的情怀。

这样宁静的山野，大概当今社会很少能见到了，但在古代的农耕社会是并不罕见的。

再看王维的《鸟鸣涧》：

人闲桂花落，夜静春山空。
月出惊山鸟，时鸣春涧中。

全诗仅 20 个字，写鸟儿鸣叫的山涧。人闲，是心境闲静。写的是春天,"桂花"是秋天开的,显然落下的不是桂花,月亮上有棵桂花树,洒下的月光,用"桂花"借代。全诗写静,用"山空"、用月亮出来也会惊飞鸟儿来反衬。真是静到无法想象的地步。诗中最妙的是以动(月出)衬静,以声(鸟鸣)衬静,视觉(山空)、听觉(静)和嗅觉(桂花)相通,显现了极强的艺术魅力。然而,其真正的主旨还是在清远的意境中表达了归隐山林的意愿。

可以说,以景寓情的手法,表现归隐之心,在古诗中用得很多。

清晨入古寺,初日照高林。
竹径通幽处,禅房花木深。
山光悦鸟性,潭影空人心。
万籁此俱寂,但余钟磬音。

(常建《题破山寺后禅院》)

这首诗在中学语文教材中也出现过,不过教学中可能不会讲到归隐、佛心、禅意等主旨。破山寺即如今江苏常熟兴福寺,诗中意境今日绝看不到了。"高林",佛语为"丛林",是僧人聚集地。领联写出了幽静深邃的境界,"幽处""木深"妙在言外,令人去深味。颈联"悦""空"作使动词,写出到了此地,人世的杂念顿然消失,"空"也有禅意空门的含义,而"山光""潭影"是典型的写景寓情。最后两句是说,大自然的一切声音、人世的一切声音在此俱静寂,只留下佛音悠扬。有人认为此诗深含禅意,令人皈依佛门,其实,对古代大多数诗人来讲,回归大自然、归隐山林才是真正的主旨。

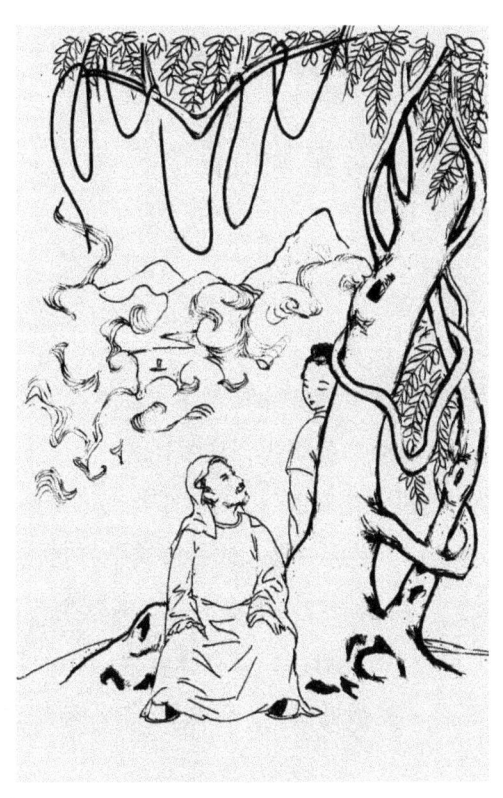

[唐] 元稹《离思五首》(其四)

# 咏物诗和咏怀诗

## ——古诗题材主旨简析（四）

### 一、咏物诗

咏物诗是通过对事物的咏叹表达作者的人生态度，寄寓美好的愿望，传递生活的情趣，或阐述人生的哲理。自然界的万物，山川河岳，花鸟虫草，种种事物都可作为歌咏对象。"昔人词咏古咏物，隐然只是咏怀，盖其中有我在也。"（刘熙载《艺概》）诗词同理。历史上文人对咏物诗极为喜爱，诗作也特别多，仅《全唐诗》留存咏物诗就有六千多首，著名的如骆宾王《在狱咏蝉》、贺知章《咏柳》、李贺《马诗》，等等。

咏物诗按其主旨可分为：咏物言志，咏物抒怀，咏物喻理，咏物喻人。

(一) 咏物言志

千锤万击出深山,烈火焚烧若等闲。
粉骨碎身全不怕,要留清白在人间。

(于谦《石灰吟》)

于谦是明朝著名的清官,在历史上与岳飞齐名。这首诗用象征手法,托物言志,歌颂石灰经历千万次锤打才开采出来,被烈火焚烧也视作平常,正表明自己不怕种种磨难和挫折。三、四两句诗则更清楚表明即使为国牺牲也不怕,自己仍要保持一生清廉洁白的高贵品格。这首诗在修辞上运用了拟人手法,形象而生动,有很强感染力。相传这首诗是于谦在12岁时所写,然而成了他生平人格的真实写照。

(二) 咏物抒怀

咏物抒怀的诗歌和抒怀诗不同,前者是托物抒发自己的情怀,后者则往往直抒胸臆。抒怀和言志也不同,"怀"是指人的情怀。如贺知章的《咏柳》:"碧玉妆成一树高,万条垂下绿丝绦。不知细叶谁裁出,二月春风似剪刀。"把早春的柳树比喻为一个梳着辫子、亭亭玉立的美少女,又以形象的比喻,写出春风的魅力,正表达了诗人对春日的热爱和赞美之情。再举例如下:

林中有奇鸟，自言是凤凰。
清朝饮醴泉，日夕栖山冈。
高鸣彻九州，延颈望八荒。
适逢商风起，羽翼自摧藏。
一去昆仑西，何时复回翔。
但恨处非位，怆恨使心伤。

（阮籍《咏怀诗》第七十九首）

这首诗开首就写奇鸟凤凰，喝的是清泉，栖身山冈，一声高鸣响彻天下，气度非凡，蔑视世俗，这个奇鸟就是比喻诗人自己，抒发了高傲不屈的胸怀。阮籍身处魏晋易代之际，对司马氏统治的阴险、残暴极为不满，而又不能公开反对，处境艰难。诗的下半首正是形象地写出自己适逢司马氏暴政（"商风起"），有志难伸、深受压抑的惨状（"羽翼自摧藏"）和内心的伤痛。

（三）咏物喻理

描写事物，却用以说明道理。最典型的是朱熹的《观书有感》，读书的感想全是在描写山山水水中予以说明的。"半亩方塘一鉴开，天光云影共徘徊。问渠那得清如许，为有源头活水来。"池塘的水为何如此清澈，因为源头有活水。读书也要读得多，要有源源不断的"活力"，才能融会贯通、应用自如啊！

托山水之咏，还能说明人生、社会的哲理。

苏轼《题西林壁》：

横看成岭侧成峰，远近高低各不同。
不识庐山真面目，只缘身在此山中。

这首诗描写的是庐山的景貌，却从哲理上告知，看待事物以不同角度看，就会有不同看法，如同看山，不同角度看就有不懂景貌。后两句则告知，人们往往身处所在地方，对自己周围情况却无法了解真相。写山，实际上在喻人生哲理。

王安石的《游褒禅山记》是篇散文，中学语文教材中收入，这篇游记实际上也是在喻理。请看王安石的一首诗《登飞来峰》：

飞来山上千寻塔，闻说鸡鸣见日升。
不畏浮云遮望眼，只缘身在最高层。

古代一寻为八尺，千寻，极言山的高。第二句也是侧面写山高。全诗主旨在三、四句，说明只有登高望远，才能排除种种迷雾，看到事物本来面目。人生确实应站得高，并有长远目标，才能去除迷惑，排除障碍，朝着理想境界奋勇前进。

苏轼还有首很妙的咏物喻理的诗——《琴诗》：

若言琴上有琴声，放在匣中何不鸣？
若言声在指头上，何不于君指上听？

这哪里是在描写琴啊！明明是借琴提出了一个艺术上的美学问题，用以说明艺术创作中主观和客观的关系、人的思想感情和艺术技巧的关系，两者统一，不可或缺。

（四）咏物喻人

表达对人的尊敬、爱戴或厌恶、鄙夷，有时不用直接说明，而托物描写加以比喻说明。很多人在解释咏物诗时往往忽略了这种写法，而把它归到托物言志之类去了。

苏轼《赠刘景文》：

荷尽已无擎雨盖，菊残犹有傲霜枝。
一年好景君须记，最是橙黄橘绿时。

苏轼赠诗给刘景文时，刘已五十八岁，所以这首诗中写的荷花已没有荷叶（"擎雨盖"），但如同残菊一样，还有"傲霜枝"，正是以"荷尽""菊残"比喻年近秋天的刘景文依然有孤高、贞亮的节操。三、四两句是勉励对方，金秋之后，"橙黄橘绿"，万物丰收，是美好的节气。刘景文被苏轼称道为"慷慨奇士",此诗正是咏物喻人,表达了对他的景仰之情。

曾巩《咏柳》:

乱条犹未变初黄,倚得东风势便狂。
解把飞花蒙日月,不知天地有清霜。

古代诗歌中描写的柳树,大多是美好事物的象征,唐宋八大家之一的曾巩却别开生面,另创新意。他写柳条杂乱还未变黄,在东风吹拂下便狂舞,其飞舞的柳絮想把日月都蒙盖,但却不知道"秋霜"一下,天寒地冻,它就完蛋了。这是在写柳树吗?不,这是明显地嘲讽和贬斥那些得志便猖狂的奸佞小人,是以柳树隐喻那些邪恶势力。这是典型的咏物喻人。

二、咏怀诗

咏怀诗就是抒发诗人怀抱情志的诗,诗中表达了对社会、对现实世界的体悟,对自己人生的追求和向往。但有人把离别、思恋、爱情、羁旅、思乡这类诗也归入咏怀诗,这显然过于宽泛了。我们所指的咏怀诗,就是含有对人生、对国家、对社会的体悟,抒发此类情怀、抱负的诗歌。

咏怀诗和咏物诗也应有区别。这里举李贺的两首诗为例,就可以明显区分了。

大漠沙如雪,燕山月似钩。
何当金络脑,快走踏清秋。

(《马诗》)

李贺笔下的这匹马,驰骋的环境是当年汉朝大将刻石纪功的燕然山、沙石如雪的大漠,它爱在如钩的月亮下长鸣,爱在飒飒秋风中疾驰,希望套上黄金的马络头。显然这是有雄心壮志、想建功立业的作者的自我写照,是咏物诗。

男儿何不带吴钩,收取关山五十州?
请君暂上凌烟阁,若个书生万户侯?

(《南园》)

诗中所讲的"五十州",是当时藩镇割据之处,而"凌烟阁",是唐朝皇帝为开国大臣魏徵等二十四人画像记功之处。和上首诗用马作象征、抒发自己的壮志相比,这首显然是直抒胸臆,希望要投笔从戎,拿起武器("吴钩"),去收复失地,像凌烟阁的功臣一样建功立业。末句反问,哪一个("若个")书生能成万户侯的?表明自己怀才不遇,壮志未酬。

以上两首,上一首是咏物诗,下一首是咏怀诗。

在中国诗歌史上,阮籍的八十三首《咏怀诗》最为著名，诗的情感忧愤深广，表现了尖锐的人生悲哀和深切的理性思考，表现的意旨深微，寄托深远，对后世影响极大。在诗中他常写自己夜不能寐，所见的是哀鸿遍野（"孤鸿号外野，翔鸟鸣北林"），因而忧伤徘徊（"徘徊将何见，忧思独伤心"），虽有慷慨激昂济世之志（"壮士何慷慨，志欲威八荒"），然而在司马氏的黑暗统治下，他壮志难酬，只能沉于孤独寂寞。

毫无疑问，后代的诗作，我们可以找出不少相同主旨的诗歌。李白的诗中，这样的咏怀诗举不胜举。

牛渚西江夜，青天无片云。
登舟望秋月，空忆谢将军。
余亦能高咏，斯人不可闻。
明朝挂帆席，枫叶落纷纷。

（李白《夜泊牛渚怀古》）

诗名叫"怀古"，其实是咏怀。牛渚在今天安徽的当涂。据说东晋的镇西将军谢尚，有一次月夜听到有人在诵读诗文，邀他相叙后，就推荐他任官。此人就是写《咏史》的才子袁宏。李白在诗中表示自己也有才华（"能高咏"），但知音难遇，怀才不用，感慨之余，只能"挂帆席"归隐江湖。末句写"枫叶"，典型的景中寓情，寄寓了无限伤感和惆怅。

有许多咏怀诗,不一定是直抒胸臆,而往往把情怀、思绪寄寓在景色描写或其他的描写当中。

久为簪组累,幸此南夷谪。
闲依农圃邻,偶似山林客。
晓耕翻露草,夜榜响溪石。
来往不逢人,长歌楚天碧。

(柳宗元《溪居》)

这实在是首非常出色的咏怀诗。不仔细看,不深入体味,简直想不到这是诗人在慨然高咏自己的苦闷和忧国情怀。"簪组",是朝廷官员的冠饰,此处借代官场。一、二句说自己长久被官场所累,幸亏此次被贬到南夷。接着写贬官后闲散的生活,依着农田如隐居的"山林客","晓耕""夜榜"(榜,划船),多么自在。尾联更写出这里人迹罕至,"我"只能对楚天"长啸"。其实,整首诗都是正话反说,特别从最后一句对天长啸可以看出,诗人被贬至有"南荒"之称的永州后,心系朝廷,关心百姓(当时曾写《捕蛇者说》),在闲散的溪居生活中,感慨自己没能为国为民效力而万分痛楚,也以长啸放歌来慨叹自己怀才不遇。

# 忧国忧民　抨击权贵　体恤百姓

## ——古诗题材主旨简析（五）

一、抒忧国忧民之情，诉国破家亡之痛。

"路漫漫其修远兮，吾将上下而求索。"这是《离骚》中的名句，屈原一生"求索"什么呢？求索楚国的强盛。可以说，《离骚》写出了诗人一生的奋斗和身殉理想的情操，那忧国忧民的情愫感动了一代又一代人。

忧国忧民，是古典诗歌中深刻的主题，而杜甫的诗又是一个典范。如苏轼所说，他"一饭未尝忘君"。他的早年志向是："致君尧舜上，再使风俗淳。"（《奉赠韦左丞丈二十二韵》）他直到临终还牢记："战血流依旧，军声动至今。"（《风疾舟中伏枕书怀三十六韵，奉呈湖南亲友》）在安史之乱中，他的大量诗作更表现了忧国忧民之心。《秋兴八首》

《咏怀古迹五首》《登高》《登楼》等名作中，写到景色都是笼罩着悲哀激荡的气氛，并且还常常会涕"泪满襟"，个人的喜怒哀乐始终和老百姓的命运息息相通。

> 昔闻洞庭水，今上岳阳楼。
> 吴楚东南坼，乾坤日夜浮。
> 亲朋无一字，老病有孤舟。
> 戎马关山北，凭轩涕泗流。
>
> （《登岳阳楼》）

这是登楼观景的诗，似乎在写景吧？上半首诗中说对岳阳楼仰慕已久，今日实现夙愿，看到洞庭湖如东南方吴、楚原野裂了个大缺口（"东南坼"），气势极大，日月在湖中出没（大概老杜是在宇宙飞船上往下看的）。下半首就不是写景了，写自己身世，年老多病、四处漂泊，登楼"凭轩"都落泪了。为何？当时安史之乱虽已平息，但国家依然动乱，边关"戎马"，即战争不断，所以诗人为忧国忧民而止不住落泪。

杜甫大概很爱落泪，在他的诗中可以看到许多眼泪，许多"愁"和"悲"。"国破山河在，城春草木深。感时花溅泪，恨别鸟惊心。"安史之乱的叛军焚烧长安，杜甫描绘了那种破败景象，从拟人角度看，连花也在落泪。诗人的忧国忧民之心感染了大自然的万物!

我们在中学课本中学到过《茅屋为秋风所破歌》,那是典型的忧民诗,为百姓苦难担忧,所以"毫不利己,专门利人"的杜甫会发出"安得广厦千万间,大庇天下寒士俱欢颜,风雨不动安如山!呜呼!何时眼前突兀见此屋,吾庐独破受冻死亦足!"的呼声。杜甫受冻而死是不可能的,他的晚年生活虽然清苦,毕竟还有几间茅屋草堂,但诗人那种忧国忧民的精神,确实值得千古传颂。

除了杜甫,历代诗人的诗作,以忧国忧民为主旨的相当多。下面再举两首唐诗来分析:

泽国江山入战图,生民何计乐樵苏。
凭君莫话封侯事,一将功成万骨枯。
[曹松《己亥岁二首》(其一)]

传闻一战百神愁,两岸强兵过未休。
谁道沧江总无事,近来长共血争流。

(其二)

第一首诗是说富饶的江山都绘入作战图中,老百姓哪里能平安地打柴过日子,请你不要再谈封侯的事,一将功成无数士兵要献出生命。第二首诗写传说一旦打仗众神都发愁,两岸军队作战连年不停,谁还说沧江平安无事,近来江中的水和鲜血一起流淌。

曹松也是唐代晚期诗人。这时期,离安史之乱已很久,但战乱依旧,而且战火延及大江南北。这首诗明白写出,战争会使成千上万的人死去,而那些功成名就的将帅、帝王们正是在白骨堆上建功立业的。

毫不夸张地说,中国几千年的历史上,大大小小的战争从来没停止过,"阶级斗争论",并不是当代的发明,自古以来,就没有人宣扬"阶级调和"。而不停的斗争、无休止的战争,给百姓带来的是无尽的灾难。所以,有良心的、有正义感的诗人,把忧国忧民作为他们永恒的主题。

因为战乱,朝代更替,自然会造成国破家亡的悲剧,所以古诗中往往还会表现这种劫后余生的伤痛感。其最有代表性的当属李煜的词。他的《虞美人》("春花秋月何时了"),大家已非常熟悉,"问君能有几多愁,恰似一江春水向东流",这个"愁"就是国破家亡,由帝王沦为囚徒之痛,是"罗衾不耐五更寒,梦里不知身是客,一晌贪欢"(《浪淘沙》)的怨恨。"剪不断,理还乱,是离愁,别是一番滋味在心头",这种"滋味"是五代十国时期南唐李后主特有的。他当不了一个好皇帝,却因亡国之痛写出了沉痛、深切、凄恻动人的诗篇,从艺术境界看,达到了词的高峰。这也是命运安排。

还有一位诗人也应提到,就是李清照。她早期生活优裕,与丈夫赵明诚相爱笃深,共同致力书画金石收集整理,金兵入侵,北宋灭亡,明诚病故,家产殆尽,她流离南方,所以,她后期词作,所表露的感伤情调和忧国忧民之心,格外深挚。中学教材中已学过《声声慢》("寻寻觅觅")。下面再鉴赏一首:

> 风住尘香花已尽,日晚倦梳头。物是人非事事休,欲语泪先流。 闻说双溪春尚好,也拟泛轻舟。只恐双溪舴艋舟,载不动、许多愁。
>
> (《武陵春》)

词中写道:风停了,花落尽在尘土中,还有点香气;日已高,自己却无心梳妆打扮。景物依旧,人事已变,万般皆休;要说什么,泪水先流。听说双溪春色好,也准备去划船玩玩。但是那单薄的小船,怕载不动我沉重的忧愁啊!

历尽崎岖、坎坷的诗人,当时处境凄惨。词中所写暮春的景色也是乐景反衬哀思,尤其是最后两句,以形象的比拟手法,把抽象的忧愁比拟成可以按照分量计算的实体,手法新颖,且极为形象、深刻。

李清照诗词不少,留存却不多。其文集和词集已散佚,《漱玉词》为后人所辑,首首可称精品。

二、抨击朝廷、权贵黑暗腐败，描写百姓痛苦，揭露社会不公。

一个伟大的爱国诗人，在忧国忧民的同时，必然对统治阶级奢侈荒淫的面目和祸国殃民的罪行极端憎恨，并予以深刻揭露。所以，许多诗人在作品中常常抨击社会的黑暗，抨击朝廷、权贵的腐败，描写百姓的痛苦。"朱门酒肉臭，路有冻死骨"（《自京赴奉先县咏怀五百字》），这千古不朽的名句，为世代的后人铭记。而在杜甫留存的一千多首诗中，这样的主旨比比皆是，像"三吏""三别"《兵车行》《丽人行》等，都是名篇。

可以说，从最早的诗歌总集《诗经》起，广大人民揭露权贵荒淫、讽刺当政者的诗歌，就表达了人民的心声。并且，他们付诸行动，反抗统治者。

《硕鼠》第一节：

> 硕鼠硕鼠，无食我黍！
> 三岁贯女，莫我肯顾。
> 逝将去女，适彼乐土。
> 乐土乐土，爰得我所。

以大老鼠比喻奴隶主剥削者，它吃"我"种的粮食，多年来却完全不照顾"我"，诗中发誓（"逝"）要离开这大老鼠,去寻找那欢乐的地方,那没有剥削的"乐土"。

《诗经》中另有一首《伐檀》,写的是一群觉醒的奴隶,在"坎坎伐檀"运木,斫轮造车,因不堪忍受剥削压迫表达了强烈的不满和反抗情绪。但相比之下,《硕鼠》是从情感上的不满已发展到行动上的反抗了。

《诗经》中的这种反抗阶级剥削和压迫、追求幸福生活的美好理想,如一条红线贯串在几千年的中国古典诗歌中,为诗坛展现了辉煌的篇章。

下面,我们来具体鉴赏一些诗作。

唐代白居易《轻肥》:

> 意气骄满路,鞍马光照尘。
> 借问何为者,人称是内臣。
> 朱绂皆大夫,紫绶悉将军。
> 夸赴军中宴,走马去如云。
> 樽罍溢九酝,水陆罗八珍。
> 果擘洞庭橘,脍切天池鳞。
> 食饱心自若,酒酣气益振。
> 是岁江南旱,衢州人食人!

中学生一般都学过白居易的《卖炭翁》。诗中通过卖炭翁的遭遇,深刻揭露了当时社会的腐败本质,有力抨击、鞭挞了统治者掠夺、剥削人民的罪恶，也表达了对下层劳动人民的深切同情。而《轻肥》一诗则从对立面的角度，即那些鱼肉百姓的统治者角度来写。他们整日在干些什么呢？

"轻肥"是乘肥马、衣轻裘的缩语，"内臣"即宦官。这些太监老爷们过着豪华的生活，穿"朱绂"、佩"紫绶"，担任着高官，将军一般去军中赴宴，意气之骄，何等吓人。而军中宴会，菜肴高级，酒水极品，不仅是奢华至极，酒醉饭饱，更是气焰逼人。宦官，皇帝家奴而已，凭什么骄横至如此地步？而且非一两个，从"满""皆""悉""如云"这些字眼看，竟有一大帮！

以上描绘，淋漓尽致地写出内臣们的行乐，暴露已十分深刻，然而诗人在末尾又深入一层，把笔锋陡然一转，写道，在这些"大夫""将军"酒醉肴饱之时，江南（"衢州"）正因大旱发生了"人食人"的惨象。一乐一悲，统治者和老百姓的生活判若天壤。结尾处，诗人声色不动，未发议论，以对比手法，令人惊心动魄。

读这首诗可以联想到当代，那些贪官污吏也是一帮一帮地买官鬻官、鱼肉百姓，而我们许多地区的普通百姓还处在贫困线上，如果不把反腐斗争进行到底，那也将会令人惊心动魄。

应当看到，在杜甫、白居易时代的唐朝还是开明盛世，社会相对比较安定，可是权贵飞扬跋扈，百姓蒙受苦难，贫富不均的现象仍然十分严重。那到了乱世，此等惨象更是见怪不怪了。

明代王磐的《朝天子·咏喇叭》：

喇叭，锁呐，曲儿小腔儿大。官船来往乱如麻，全仗你抬声价。军听了军愁，民听了民怕。哪里去辨甚么真共假？眼见的吹翻了这家，吹伤了那家，只吹的水尽鹅飞罢。

这是首散曲，曲中活画了宦官的丑态，他们欺压百姓，行船时，常借吹唢呐虚张声势，字面上写唢呐气势，实则借代那些官位、地位低下（"曲儿小"），仗势欺人（"腔儿大"）的家伙，他们走到哪里，哪里就"军愁""民怕"，甚至叫别人家破人亡（以"水尽鹅飞罢"比喻）。整首曲没出现"宦官"字样，写的却正是明朝正德年间，宦官当权，狐假虎威，残害百姓的罪恶行径。曲，是唱的，如果唱起来，想必更具有叫人哭笑不得的幽默感和极强的讽刺性。

明代陈子龙的《小车行》：

小车班班黄尘晚，夫为推，妇为挽。出门茫然何所之？青青者榆疗我饥，愿得乐土共哺糜。风吹黄蒿，望见垣堵，中有主人当饲汝。叩门无人室无釜,踯躅空巷泪如雨。

这是首乐府诗。明朝末年,政局动荡,朝政黑暗,权奸当道,天灾人祸又频频发生,百姓苦不堪言,各地举事此起彼伏,而当时新兴起的后金,又觊觎明朝边地,不断侵扰。正是感时伤世,忧民疾苦,使诗人写出这首乐府诗。

这首诗的语言平实,描写在大饥荒年月,夫妇俩推着小车逃荒,只靠榆树叶充饥,希望能喝到一碗薄粥,却只见野草遍地,而万般希望下看到一户人家,进去却空空无人,连锅碗都没有,出门后只能泪如雨下。

中国历史上自然灾害从未间断过。国泰民安时,朝廷能赈灾济民,乱世荒年,灾民只能濒临绝境。而古诗中描写百姓的痛苦,正是揭露社会的不公,以告诫当朝者勿官逼民反。

# 咏史怀古  伤春惜时

## ——古诗题材主旨简析（六）

一、咏史怀古诗

咏史怀古诗，是以历史事件、历史人物、历史古迹为题材，由此而咏叹史实、史迹，来表达感慨兴衰、寄托情思、借古讽今等主旨的诗篇。

从具体内容来分，大致有：发思古之情，抒自己胸中块垒；或由史实、史迹引发，来评判历史，抒发自己赞扬、敬仰、抨击、惋惜、伤感等观点或情感；但大多数咏史诗，往往对世事变迁、朝代更替、人间沧桑巨变，表示了无限感慨。

（一）借古人故事抒发自己的感慨，或发思古之情，抒自己胸怀。

苏轼的《念奴娇·赤壁怀古》收入中学语文教材，大家都很熟悉。"人道是，三国周郎赤壁"，说明连诗人自己也不相信他今日登临之处就是当年赤壁大战之处，但是写诗是需要想象的。诗人在想象中怀古，怀念英雄周瑜那令"樯橹灰飞烟灭"的赫赫战功，赞扬他的少年得志、风流倜傥。而全诗的主旨还在下片联系自己，已经人到中年，"早生华发"，却功业无成，不免感慨万千，"人生如梦"，只能"一尊还酹江月"。

李白《登金陵凤凰台》：

> 凤凰台上凤凰游，凤去台空江自流。
> 吴宫花草埋幽径，晋代衣冠成古丘。
> 三山半落青天外，一水中分白鹭洲。
> 总为浮云能蔽日，长安不见使人愁。

这又是一首典型的咏史抒怀之作。金陵凤凰台，是古迹，如今凤飞台空，当年吴王华丽的宫殿如今埋在荒芜的小路中，晋代达官显贵如今长眠古坟里。眼前看到的三山耸立青天外，秦淮河被白鹭洲分为两股水道，历史传说和当年的豪华如烟云般已消失了。可是天上的浮云会遮住太阳，使我看不到京都长安，心中无限忧愁啊！

很显然，瞻仰古迹，对世事的变迁无限感慨，但是最终还是抒发自己的情怀。奸佞小人当权，如同浮云遮日，使终日想去京都长安实现自己政治理想的李白壮志难酬,因而愁思无限,哀怨如缕。

还有的咏史诗中抒发的情怀不在字面,"而言外自有一种悲凉感慨之气"(施补华《岘佣说诗》),例如唐代戴叔伦《三闾庙》:

沅湘流不尽,屈子怨何深!
日暮秋风起,萧萧枫树林。

三闾庙即纪念三闾大夫屈原的祠庙,在今日湖南省汨罗市。屈原受怨至深,赴汨罗江自尽。本诗意在怀古,以虚写方法,三句全部写景,沅水湘水流不尽,暗寓屈原之怨无尽,长流至今。三、四句写秋色日暮,风吹枫叶,萧萧作声,既渲染悲凉气氛,又景中寓情,写出了诗人无限的哀思和深切的怀念。

(二)在瞻仰古迹、咏叹史实中,借古讽今,表达自己的观点,或抒发自己的情感。

下面先以描写项羽的两首绝句为例。

胜败兵家事不期,包羞忍耻是男儿。
江东子弟多才俊,卷土重来未可知。

(杜牧《题乌江亭》)

>　　百战疲劳壮士哀，中原一败势难回。
>　　江东子弟今虽在，肯与君王卷土来？
>
> 　　　　　　　　　　　　（王安石《乌江亭》）

　　楚汉相争，项羽在垓下兵败，自刎乌江。在乌江亭古迹处，杜牧题诗，认为项羽应该败而不馁，在遭受重创之后，忍辱负重，更显出男儿本色，以待卷土重来、东山再起。杜牧对项羽是同情又惋惜，但又讽刺了他的刚愎自用，缺失百折不挠精神。

　　王安石则不然。他从当时政治形势分析，认为大势已去，项羽的失败是历史必然，而杜牧观点未免过于天真，不了解项羽已失尽人心，不可能再卷土重来。王安石以政治家的眼光，冷静分析，一针见血地指出了项羽失败的根本原因。

　　对项羽之死，历史上各人站在不同角度自然可以有不同看法。李清照就咏诗："生当作人杰，死亦为鬼雄。至今思项羽，不肯过江东。"（《夏日绝句》）在南宋统治者不敢抗金、屈辱求和，把大好江山拱手相送的政治背景下，李清照赞誉项羽宁肯死去也不苟且偷安的精神，正是对当朝投降派的讽刺。

　　可见，咏诗怀古者，借古讽今矣！

　　唐代杜牧还有首《泊秦淮》，也很有名：

烟笼寒水月笼沙，夜泊秦淮近酒家。
商女不知亡国恨，隔江犹唱后庭花。

历史上有不少著名的古城、古址，如咸阳、长安、金陵、姑苏、洛阳、汴京、赤壁，等等，而这些地方也往往成了咏史怀古诗的题材。

金陵的秦淮河也是名胜古迹。杜牧这首诗不仅是写景，写月夜秦淮酒家歌舞的景况，更是借南朝陈后主亡国的典故，以"隔江犹唱后庭花"句，对醉生梦死的统治者讽刺劝谏，以史讽今，抨击当朝唐王国正在走向衰败而不知反思。

无独有偶，至宋代王安石也写了相关内容的咏史诗。

登临送目。正故国晚秋，天气初肃。千里澄江似练，翠峰如簇。归帆去棹残阳里，背西风，酒旗斜矗。彩舟云淡，星河鹭起，画图难足。　念往昔、繁华竞逐。叹门外楼头，悲恨相续。千古凭高，对此漫嗟荣辱。六朝旧事随流水，但寒烟衰草凝绿。至今商女，时时犹唱，后庭遗曲。

（王安石《桂枝香·金陵怀古》）

这首词写诗人深秋登金陵城楼所见美景，正是丹青妙笔也难画尽这壮美风光。下片则开始"怀古"。想当年这里何等繁盛豪华，可叹的是六朝君王相继败亡，千古以来多少人登高此处怀古也无不对历代荣辱感慨叹息。往事随流水已过，但至今人们不以之为鉴，商女还在唱那亡国的曲子《后庭花》。

最后一句显然是借鉴了杜牧的诗。《后庭花》是亡国之君陈后主所"创新歌，词甚哀怨"，时人就认为这是亡国之音。王安石借用这个典故，正是借用六朝灭亡的历史教训，表达了他对北宋社会现实的不满，透露出居安思危的政治家的意识。

（三）对世事变迁、朝代更替、人间沧桑巨变表示无限感慨。

当年的风物依旧，只是朱颜已改。物是人非，常给凭吊古迹者以无限遐想和感慨。

> 朱雀桥边野草花，乌衣巷口夕阳斜。
> 旧时王谢堂前燕，飞入寻常百姓家。
> 
> （刘禹锡《乌衣巷》）

朱雀桥边的乌衣巷，在东晋六朝时是金陵最豪华之处，是豪门望族集居处。今天只见野草野花遍地，昏黄的夕阳耀映，一片苍凉。当年大贵族王导、谢安居住的房屋，成了普通百姓家。物是人非的景象，那只小燕子可以见证啊！

人们实在是拥有太多的古典情怀，尤其是对六朝古都的金陵城，历代有无数的诗人会对这里的一切流露怀古的愁绪。即使同一诗人，也会反复书写，反复凭吊，反复咏叹。仍以刘禹锡为例，他在《石头城》一诗中写道：

山围故国周遭在，潮打空城寂寞回。
淮水东边旧时月，夜深还过女墙来。

群山依然围着城的四周，潮水依然拍岸，月光依然照着，但是国已是"故国"，城已是"空城"，"旧时月"也不见，只有今日月光照着。全诗只是写景，却寄寓着凄凉不堪的情感，无限萧条，令人伤感不已。

鉴赏咏史怀古诗，必须对作品涉及的史实和人物有一定了解，要具有一定历史知识。在语文考试中，试题往往会有一些注解，来说明相关史料，考生在答题时务必注意。

请看《折桂令》（席上偶谈蜀汉事，因赋短柱体）：

銮舆三顾茅庐，汉祚难扶，日暮桑榆。深渡南泸，长驱西蜀，力拒东吴。美乎周瑜妙术，悲夫关羽云殂。天数盈虚，造物乘除。问汝何如，早赋归欤。

这是元代学者虞集的一首散曲，写刘备三顾茅庐请出孔明扶持，但蜀汉国运（"汉祚"）难扶，如日落西山般衰败。尽管诸葛亮五月渡泸、南抚蛮夷、西驱诸戎求和睦、北拒曹操、南抗东吴，但周瑜的神奇兵术，使关公早早死去，可悲！一切由天数、命运安排。问你知道什么，还是早点归隐吧！显然，不了解三国的历史，是无法理解这首曲，也无法理解诗人惆怅、惋惜的情感的。

二、伤春、惜春和惜时诗

咏史怀古的诗，用句俏皮话叫"看三国落泪，替古人担忧"，而伤春惜时的诗，则是为自己担忧了。春，即春天，比喻青春年华、美好时光。即使在现代，伤春惜时的诗文、流行歌曲也不少。"时间都去哪儿了？还没好好感受年轻就老了。"这首歌能打动许多人，就因为伤春惜时、叹人生苦短是世人共有的情感。

挽留春天，是伤春诗的主旨之一。

请看黄庭坚《清平乐》：

春归何处，寂寞无行路。若有人知春去处，唤取归来同住。　春无踪迹谁知，除非问取黄鹂。百啭无人能解，因风飞过蔷薇。

显然这首词用了拟人手法，把春天写成具有人的特征。

诗人因春的流逝而感到寂寞，失去安慰，所以要请人去唤住春天，然而无人知晓，问黄鹂鸟，却无人听懂它的话，它就飞走了。那种失落感，令人惆怅。

再看晏殊《浣溪沙》：

一曲新词酒一杯，去年天气旧亭台。夕阳西下几时回？　无可奈何花落去，似曾相识燕归来。小园香径独徘徊。

这是一首著名的春恨词。历代诗歌中写到春天，总是充满欢欣和热爱之情，春阳煦煦，万物欣欣，春天何等美丽宜人，为何要恨呢？"花落去"、"燕归来"，也都是自然现象，何恨之有？事实上，诗人面对落花，面对燕子秋天南飞、春来北归，就想到春天消逝，进一步联想到人生的变易，而产生无能为力的惋惜之情。花落燕归，每交替一次，意味着一年又过，年复一年，人将老矣，这普通的自然现象，引发了人生有限的深思。这种"春恨"是细密而幽深的思绪，令人回味。

正因为珍惜春天、珍惜年华，所以古人会劝诫："少壮不努力，老大徒伤悲！"（《长歌行》）会告诫说："劝君莫惜金缕衣，劝君须惜少年时。有花堪折直须折，莫待无花空折枝。"（无名氏《金缕衣》）

应该再说明，伤春的诗不一定都表示惜时，也有用以抒发离愁归思、及时行乐的主旨的，还有用伤春表达愤懑忧思及爱国情怀的。如南宋张炎所写《清平乐》：

采芳人杳，顿觉游情少。客里看春多草草，总被诗愁分了。　　去年燕子天涯，今年燕子谁家？三月休听夜雨，如今不是催花。

元兵入侵，南宋灭亡，张炎四处飘零，这次重回故乡杭州，只是"客"人，沦亡至此。杭州已今非昔比，游客稀少，春色全被痛苦、凄凉、愁思分完了。下片的"燕子"是比喻自己飘零天涯海角，命运悲惨。末句写三月的春雨，本是润物催花生长的，如今却令人痛苦、摧残人心。很显然，这首伤春词是因国破家亡而抒发忧思及怀念故国情怀的。

伤春诗的意象大多为落花、落红、飞花、残花、东风、暮雨、流水、夕阳、燕子等。在语文考试中回答这一类古诗鉴赏题时，要抓住这些意象，领悟其意境。

# 边塞从戎　卫国保家

## ——古诗题材主旨简析（七）

中国是个多民族的国家，各民族和睦共融，相处一家。但是在历史上，各民族之间的摩擦、战争也不断，每个王朝的统治者为守卫自己的统治，派兵戍关，这样，每个朝代也都有自己的边塞诗。最早的像《诗经·采薇》（"昔我往矣，杨柳依依"）、乐府的《木兰辞》都可以算作边塞诗。至唐代，反映边塞军旅生涯的诗歌更多，并形成了"边塞诗派""边塞诗人"的说法，代表者有高适、岑参、王昌龄、王之涣、李颀等。至宋代，外辱不断，国难当头，战争频仍，边塞诗表现了抗战英雄们的卫国豪情和因统治者软弱无能自己报国无门的愤懑，这些诗更成了光鉴史册的英雄史诗。

边塞诗的主旨，或表现保家卫国、甘愿为国牺牲的豪情壮志，或描写边关将士艰苦的战斗生活，或描写将士的思乡之情，或揭露朝廷不关心边关将士、穷兵黩武，或表露反对战争、祈求各民族和睦、渴望和平安居生活的愿望，也有一些描写了令人惊艳的边塞绝域奇异风光。

一、保家卫国，豪情勃发

秦时明月汉时关，万里长征人未还。
但使龙城飞将在，不教胡马度阴山。

（王昌龄《出塞》）

首句是互文。意思是，从秦汉以来明月照耀着边关。接着写，然而万里长征的战士们为国牺牲不回还了，只要当年大将卫青和飞将军李广还在，绝对能不让敌人度过阴山入侵关内。

全诗语言质朴，写出了出征将士驰骋万里、浴血奋战的历史，歌颂了无所畏惧、为国捐躯的英雄精神和豪迈气概，写作手法上，历史和现实耀映，令人深思。

葡萄美酒夜光杯，欲饮琵琶马上催。
醉卧沙场君莫笑，古来征战几人回。

（王翰《凉州词》）

明代有人推崇这首诗是唐代七绝压卷之作。诗确实写得妙绝，保家卫国的战争场面只字未现，却描写在边塞的一次盛宴。征人们举着盛满美酒的夜光杯，开怀畅饮，加上琵琶音乐伴奏，豪华气派，热烈气氛十足，而将士们又豪情勃发、尽情尽致地大醉而卧。这些其实都是侧面描写，关键在最后一句，因为明日就要出征，将士们视死如归，准备为国捐躯。自古以来出征的人有几个回来的？清代蘅塘退士评论此诗说："作旷达语，倍觉悲痛。"清代施补华在《岘傭说诗》中评说："作悲伤语读便浅，做谐谑语读便妙，在学人领悟。"学习这首诗的人领悟什么呢？领悟其在欢乐、热闹、嬉笑、诙谐的气氛中所蕴含的悲壮！

醉里挑灯看剑，梦回吹角连营。八里分麾下炙，五十弦翻塞外声。沙场秋点兵。　马作的卢飞快，弓如霹雳弦惊。了却君王天下事，赢得生前身后名。可怜白发生。

（辛弃疾《破阵子·为陈同甫赋壮词以寄之》）

这首豪情勃发的边塞诗收入中学语文教材。词是写给陈亮的。陈亮是辛弃疾志同道合的挚友。词的上片写军营的夜与晓。醉了还看剑，梦醒听到军营雄壮的号角声，士兵们在军旗下分吃烤牛肉，雄壮悲凉的军歌声阵阵传来，清晨是沙场点兵的壮观场景。那报效国家的英雄气概就在这些描写中显现。

下片描写作战的惊险场面。骑着飞驰的骏马（"的卢"）——三国刘备的坐骑（借代手法），射出的箭声如响雷，为君王赢得战斗的胜利，收复中原，报效国家，英雄成名。末句却陡然转折，"白发生"者，理想难以实现啊！这是辛弃疾的悲愤，也是同样主张抗金救国却空有梦想的陈亮的悲愤。这首词堪称是悲壮的英雄诗。

二、对边塞艰苦环境的描写

> 白日登山望烽火，黄昏饮马傍交河。
> 行人刁斗风沙暗，公主琵琶幽怨多。
> 野云万里无城郭，雨雪纷纷连大漠。
> 胡雁哀鸣夜夜飞，胡儿眼泪双双落。
> 闻道玉门犹被遮，应将性命逐轻车。
> 年年战骨埋荒外，空见蒲桃入汉家。
>
> （李颀《古从军行》）

这是首乐府诗。如果上一首辛弃疾的词还有许多想象的成分，那么这首是真正实景描写边塞景况的边塞诗。"交河"在今天新疆吐鲁番一带，当年的交河故城如今只剩残迹。这首诗写道，守边的将士白天在山上望着烽火有无战事，傍晚就在交河饮战马。这里风沙昏暗，行人能听到哨兵夜晚敲刁斗的声音，听到细君公主远嫁途中弹琵琶幽苦的声音。这里荒凉凄冷看不到城郭，大雪纷飞遮掩无限的沙漠；这里的大雁哀叫着夜夜惊飞，当地的青年人也痛哭流泪。听说玉门关通道被遮断，大家（不可能回家）只能拼着性命去追赶先头部队作战。连年战争，多少人尸骨埋荒野，结果，虽然胜利，只换来西域朝贡，送葡萄给皇帝（"汉家"，汉朝皇帝，借代手法），可见君王草菅人命啊！

全诗借汉皇帝开发边塞，讽喻唐玄宗用兵。诗中描绘边塞环境艰苦，然而将士们依然拼命奋战，守卫疆场。在中国古代，关外的西域边陲，有无数的烽火墩台和交河故城这样的长亭驿站，这是我们的先人在极其艰苦的自然条件下戍关卫国的丰碑，这里附着我们先人英雄的灵魂，写着我们民族英雄的历史。

三、表达思乡之情

将士们背井离乡，常年征战在边塞，思念远在家乡的亲人是人之常情，这也就形成了边塞诗中相当重要的主旨。"回乐烽前沙似雪，受降城外月如霜。不知何处吹芦管，一夜征人尽望乡。"（李益《夜上受降城闻笛》）以雪喻沙漠，以霜喻月光，在这种似雪如霜的清冷气氛中，远处传来的芦笛声，就足以引起战士的思乡之情了。笛声常会引发思乡，而如果笛曲是《折杨柳》《杨柳曲》之类关内的名曲，更能引发思绪。"羌笛何须怨杨柳,春风不度玉门关"(王之涣《凉州词》)就是生动写照。

请再鉴赏范仲淹《渔家傲》:

> 塞下秋来风景异,衡阳雁去无留意。四面边声连角起。千嶂里,长烟落日孤城闭。　浊酒一杯家万里,燕然未勒归无计。羌管悠悠霜满地。人不寐,将军白发征夫泪。

诗人自己就曾任官守边,当时被称为"小范老子腹中自有数万兵甲"。这首是他以守边实践而创作的边塞词,格调豪迈,他的词也是苏轼辛弃疾豪放派的先路。

词的上片描绘了边域的异样景色——荒凉。连大雁也不肯留下,号角声声,落日血红,孤城闭门,一片肃杀气氛。下片写守边将士浊酒浇愁。愁者,思乡之愁。但边患未平,战功未建("燕然未勒"),无法回乡。听到管笛声声,在秋霜满地之景中,更令人思念故乡,将士们彻夜难眠,鬓发如霜,泪水潸然。

范仲淹的这首边塞词颇具豪气,但其中也依然含着浓浓的思乡之情——人之常情。

四、表现反战主旨

反对穷兵黩武,反对连年战争,祈求民族和睦,祈求和平安定,这是边塞诗中又一重要主旨。

王之涣《凉州词》中写"春风不度玉门关",字面上写关外荒芜,春风也吹不到,实际上也是比喻朝廷的"春风"——皇恩不会沐浴到边关将士。李颀《古从军行》中说"闻道玉门犹被遮",更是直指朝廷把玉门关隔断,逼迫将士不能回乡,只能往前冲锋打仗。这些诗句都在谴责朝廷一味穷兵黩武,对戍边将士毫不关心。而李颀诗"空见蒲桃入汉家"一句中"空见",更是嘲讽朝廷,有明显的反战情绪。

表现反战主旨的边塞诗在《诗经》中就有不少篇章。《扬之水》写了戍边战士思念家里的妻子:"扬之水,不流束薪。彼其之子,不能与我戍申,怀哉怀哉,曷月予还归哉!""扬之水",比喻那位守边的丈夫,诗中说,小河沟的水再湍急啊,也冲不走成捆的木柴,那位远方的人啊,不能和我驻守边塞。思念你啊思念你啊,何时我才能回到家啊?这里不是简单的思乡,而是自己在边关出生入死、浴血奋战,统治者怡然安乐,鲜明对比使戍边士兵在觉醒,"曷月予还归哉",正表现渴望脱离战争而回家的强烈愿望。

战争,有保家卫国正义性的,也有发动侵略非正义性的。报国壮志和反战呼声两方面的主旨,《诗经》中都有反映和涉及,其题材之丰富具有开创性的意义,也为历代边塞诗所继承。

某省有一年语文高考以下列一首边塞诗为鉴赏考核题

材料：

岁岁金河复玉关，朝朝马策与刀环。
三春白雪归青冢，万里黄河绕黑山。

(柳中庸《征人怨》)

考题为：为什么说这是首边塞诗？诗题为"征人怨"，通篇都无"怨"字，句句却有怨情，请分析。题目很令考生思索一番。

这首诗的内容是说，年年转战在金河（今称黑河）和玉门关一带，天天都和马鞭和战刀作伴，三月的飞雪覆盖着昭君的坟墓，万里黄河绕着黑山。以描写的地点可见这是在边关，以人物每天转战、拿着兵器，可见是守关的征人，显然正是人和景的描写点明是边塞诗。全诗无"怨"字，但主人公年复一年，东西奔波，跃马挥刀，四处征战。"复""与"两字可见其生活单调困苦，怨情已露。三、四两句，写到了三春季节，春色美景不见，只有白雪和坟墓相伴，只有黄河和黑山围绕身边，两幅画面，典型的景中寓情，显示边关的艰苦、荒凉，蕴含征夫的千辛万苦，这种怨情不只是"怨"，简直是控诉，控诉战争给将士们带来的苦难。

在反战同时，边塞诗中也有不少祈求和睦、和平的作品。

玉帛朝回望帝乡，乌孙归去不称王。
天涯静处无征战，兵气销为日月光。

（常建《塞下曲》）

显然这首和其他边塞诗迥然相异。诗中生动概括了西汉朝廷和乌孙民族友好交往历史，以玉帛朝见，回去时频频回首"望"帝京，情意深重的乌孙王，其后与汉朝长期友好和睦，成为千古佳话。诗歌讴歌了化干戈为玉帛的和平友好主题，以明媚春风吹散弥漫边塞的滚滚狼烟，呈现了边塞诗的全新主题。

边塞诗中还常常在描摹时展现边关异域的独特风光景象，如范仲淹所说"塞下秋来风景异"，其"异"是和关内，尤其是江南风光完全不同的。王维《使至塞上》中"大漠孤烟直，长河落日圆"，这种"千古壮观"（王国维《人间词话》）景象，非亲睹是无法想象的。单独描绘边塞风光的诗也有，如高適的《塞上听吹笛》：

雪净胡天牧马还，月明羌笛戍楼间。
借问梅花何处落，风吹一夜满关山。

这已非战乱年间，而是和平祥和的边疆了，其明朗开阔的境界，令人胸襟也宽广，而明月之夜传来的《梅花落》乐曲的笛声，在微风吹拂下传遍关山。应该说这首边关的景物诗，也是景中寓情，寄寓了祈求民族和睦、生活幸福平安的情感。

［唐］王翰《凉州词》

# 横枪跃马　慷慨悲歌

## ——古诗题材主旨简析（八）

在中国古典诗词的创作者中，有一批诗人，他们本身就是横枪跃马、抗击外族入侵的骁将，是时代的枭雄。"一世之豪，以气节自负，以功业自许。"（范开《稼轩词序》）但由于壮志未酬，所以在他们的诗作中，在强烈的爱国主义情怀中，更显现出慷慨悲壮之气。这是爱国诗人的诗篇。对他们作品的主旨可以概括为：抗敌救国，收复中原，报效朝廷，但受到投降派打击，壮志未酬，内心悲愤、惆怅，或表现自己忠于朝廷、忠于国家，为国献身、誓死不屈的壮志豪情。

一、抗击外族入侵，挽救国家危亡

岳飞《满江红·登黄鹤楼有感》：

> 遥望中原，荒烟外、许多城郭。想当年，花遮柳护，凤楼龙阁。万岁山前珠翠绕，蓬壶殿里笙歌作。到而今、铁骑满郊畿，风尘恶。　　兵安在？膏锋锷。民安在？填沟壑。叹江山如故，千村寥落。何日请缨提锐旅，一鞭直渡清河洛。却归来、再续汉阳游，骑黄鹤。

抗金名将登上黄鹤楼看到什么呢？看到战烟纷飞一片凄凉景象（"铁骑""风尘恶"），对比当年的国泰民安的情景（"花遮柳护""珠翠绕""笙歌作"），倍感惨痛。而百姓们在敌人屠刀下惨死，江山处在血雨腥风中，令诗人"仰天长啸，壮怀激烈"[《满江红》（"怒发冲冠"）]，决心率兵抗金，收复失地。"一鞭直渡清河洛"，更表现他对抗金斗争取得胜利，充满信心。"待从头收拾旧山河，朝天阙。"（同上）岳飞的一生，可以说每时每刻都关注着民族的存亡、国家的命运，他写的山水田园诗也都和抗战有关。

> 经年尘土满征衣，特特寻芳上翠微。
> 好山好水看不足，马蹄催趁月明归。
>
> 　　　　　　　　　　　　　（《池州翠微亭》）

战袍上披着尘土，在鏖战的间歇，去翠微亭看看那美好的景色，祖国的山水看不够啊，但战斗还在后面，在马蹄催促声中，带月而回归到军营去。短短四句，一个横枪跃马的抗战将领形象在纸面跃现。

在南宋诗人中，辛弃疾和岳飞、陆游一样，始终把洗雪国耻、收复失地作为自己毕生事业，在文学创作中，写出了时代的期望和失望、民族的热情与愤慨。辛弃疾的《菩萨蛮·书江西造口壁》《水龙吟·登建康赏心亭》《破阵子·为陈同甫赋壮词以寄之》《永遇乐·京口北固亭怀古》都是名篇，为大家所熟悉，有的词作还收入中学语文教材。在词作中，辛弃疾运用的历史典故，赞颂的历史人物，如"射虎山横一骑，裂石响惊弦"的李广（《八声甘州》）、"金戈铁马，气吞万里如虎"的刘裕（《永遇乐·京口北固亭怀古》）、"年少万兜鍪，坐断东南战未休"的孙权（《南乡子·登京口北固亭有怀》），等等，都表现出他自己的英雄气概和抗金救国的决心。而在受到投降派打击后，他壮志未酬，在"落日楼头，断鸿声里"，"把吴钩看了，栏干拍遍，无人会、登临意"（《水龙吟·登建康赏心亭》），那种痛楚和惆怅，令后人读了，也止不住潸然。

二、壮志未酬，内心激愤、惆怅

上海语文高考试卷考核过辛弃疾词《摸鱼儿》（"更能消几番风雨"）的鉴赏。这首词字面上是咏春、伤春，实际是借香草、美人的比兴、象征手法，发泄诗人对恢复中原志向的实现日益迷茫而带来的满腔忧愤。有道考题问，词中说"闲愁最苦"的含义是什么，为什么"苦"。扣住上述的"忧愤"，答案就明确了。而在辛词中，这种"忧愤"时而可见。

　　醉里且贪欢笑，要愁那得工夫。近来始觉古人书，信着全无是处。　昨夜松边醉倒，问松"我醉何如"。只疑松动要来扶，以手推松曰"去"。
　　　　　　　　　　　（辛弃疾《西江月·遣兴》）

　　题目是"遣兴"，似乎在写闲情逸致，没有功夫"愁"，其实全是反话，无法欢笑，满腔愁苦，连古人圣贤的书也不相信，恰恰正是信圣贤教诲而要忠君报国，然而朝廷不任用他，使他忧愤至极。下片写醉态、狂态，以拟人手法写"松"，更反衬出自己激愤的心情，表达了对黑暗现实、对权贵的投降主义的强烈抗议。

　　再请看《丑奴儿·书博山道中壁》一词：

　　少年不识愁滋味，爱上层楼。爱上层楼，为赋新词强说愁。　而今识尽愁滋味，欲说还休。欲说还休，却道天凉好个秋。

　　这是正面写愁的，把少年不识愁和而今的愁对比，少年无愁的时候强说愁,而今愁"识尽",却无话可说,只会随口讲讲天气好不好。这是辛弃疾被弹劾去职、闲居在家时所写,那种受排挤的压抑、报国无门的痛苦、不满,在平易浅近的语句中,显出极深意蕴,以淡淡的笔墨写出浓浓的痛苦,令人回味无穷。

辛弃疾的这种情感、这种写法,在陆游诗中也可见到。

村南村北鹁鸪声,水刺新秧漫漫平。
行遍天涯千万里,却从邻父学春耕。

(《小园》)

《小园》有四首,此选其一首。时年,陆游五十七岁,被贬回山阴老家。他一生到处奔走,想为国效力,如今却跟随邻居农夫学春耕,在鹁鸪鸟叫声中学插秧。这种与辛弃疾"却将万字平戎策,换得东家种树书"(《鹧鸪天》)同一情调、同一愤懑之气跃然纸上。

三、忠君报国,丹心不渝

"人生自古谁无死,留取丹心照汗青"(《过零丁洋》),文天祥的诗句感动了一代又一代人,也是一代又一代英雄豪杰诗人们的真实写照。辞官幽居乡间的陆游说:"僵卧孤村不自哀,尚思为国戍轮台。夜阑卧听风吹雨,铁马冰河入梦来。"(《十一月四日风雨大作》)一个奔波一生、渴望为国效力的爱国诗人，年老、贫病、孤独，在风雨交加之夜，还在想着横枪跃马去收复中原、保卫国家。即使在临终前他还在告诫后代："死去元知万事空，但悲不见九州同。王师北定中原日，家祭无忘告乃翁。"（《示儿》）这样的情操，何等感人！

再请看文天祥《金陵驿二首》中的一首：

草合离宫转夕晖，孤云漂泊复何依？
山河风景元无异，城郭人民半已非。
满地芦花和我老，旧家燕子傍谁飞？
从今别却江南路，化作啼鹃带血归。

诗歌写在祥兴元年（1278年），时值深秋，当时南宋覆亡已半年多，坚持抗战的文天祥此时兵败被俘，押赴途中经金陵写下了两首寄托亡国之恨、沉郁苍凉的诗篇。诗中写道：自己如孤云无所依，祖国山河没变，但人民已成异族统治的臣民；自己和广大百姓一样，像"旧家燕子"，国亡无归。最感人的是尾联说，自己永远忠于朝廷、忠于国家，即使死了，也要像啼血的杜鹃一样，让魂魄回到祖国去！可以说，英雄诗人的不朽精神，镕铸在华夏民族的灵魂里，代代相传。

明朝末年，民族矛盾同样十分尖锐。抗清志士夏完淳在参加抗清斗争三年后，不幸被捕遭害，牺牲时年仅十七岁。

在临终前,他写下一首诀别诗《别云间》(云间,即他的故乡,今在上海松江区):

> 三年羁旅客,今日又南冠。
> 无限山河泪,谁言天地宽。
> 已知泉路近,欲别故乡难。
> 毅魄归来日,灵旗空际看。

诗中写道,自己成了囚犯(南冠,春秋时楚国囚犯所戴之冠,后借指囚犯),赴黄泉路已不远,但对故乡恋恋不舍,将来牺牲后,坚毅不屈的魂魄也要回来,看到空中飘扬的战旗。公元 1647 年(清顺治四年)9 月 19 日,夏完淳在南京遇难,被害时他昂首挺立、拒不下跪,显现了不屈的气概。

# 题画诗和评画、评诗的诗歌

## ——古诗题材主旨简析（九）

一、题画诗

在中国文人画中，要求诗、书、画三者结合，这是因为书与画的用笔相通，而诗与画的意境一致，互相补充后，能使画的意境更加丰富和谐、主旨更为突出。诗、书、画三位一体，是我国文人画的一大特色，是世界美术中的独创，至今仍为我国画坛重视。题在画中的诗，有的是请当时名诗人所写，而宋代从苏轼、米芾起，文人墨客常在自己画上题字、题诗，从而涌现了一批题画诗。至清代，陈邦彦还奉敕编纂了一本题画诗汇编——《御定历代题画诗类》。

苏轼为惠崇所作题画诗《惠崇春江晓景二首》为大家熟知，其中一首写道：

竹外桃花三两枝，春江水暖鸭先知。
蒌蒿满地芦芽短，正是河豚欲上时。

惠崇是个和尚，宋代著名画家，王安石就曾写诗极力赞颂他的艺术功力："画史纷纷何足数，惠崇晚出吾最许。"（《纯甫出僧惠崇画要予作诗》）惠崇的《春江晓景》是以早春景物为背景的春江鸭戏图，苏轼的诗作准确地写出了竹、桃花、江水、鸭、蒌蒿、芦芽六样景物，显示了早春的特点。更妙的是诗中画外有画，写出了肉眼在画中看不到的春水回暖和河豚欲上的讯息，这是通感的手法，心灵的感应。题画诗使画作更上一层意境。

元明清时期，更成了文人画的题画诗高产期，画家们在自己画作上都有出色诗作用以抒怀、明志。明代大画家文徵明的《兰竹图》（现藏中国台北故宫博物院），画的兰花讲究清雅幽香，画的竹寓意高风亮节，所以他在题画诗中也自称"秀质亭亭似玉人"。请看他另一首题画诗：

日光浮喜动檐楹，乌鹊于人亦有情。
小雨初收风泼泼，乱飞丛竹送欢声。

（《画鹊》）

诗中写阳光照耀门窗，洋溢欢乐，连喜鹊也对人有情意；

小雨刚刚下过，微风飘拂，吹动小竹林，仿佛送来欢笑声。全诗用了拟人手法，把这幅画所画的屋子、竹丛都写活了，蕴含的正是不求功名利禄的才子们闲暇的情趣。再看下一首：

半生落魄已成翁，独立书斋啸晚风。
笔底明珠无处卖，闲抛闲掷野藤中。

（徐渭《墨葡萄图》）

徐渭，字文长，明代大文豪，科举屡次名落孙山，终身不得志，晚年更是潦倒不堪，恣情山水，狂放不羁，在艺术上成就极高。近代艺术大师齐白石曾表示恨不生三百年前，为青藤磨墨理纸。青藤道士，徐文长的号也。而他的这首《墨葡萄图》的题画诗正是他平生准确的概括。"落魄"，毫不夸张。狂"啸"，正是狂放性格写照。"笔底明珠"是比喻自己技艺精湛的文学艺术作品，但无人赏识，只能扔于"野藤中"。

应该重申，题画诗和咏物诗不同。题画诗是题写在画上的诗。

二、评画、评诗的诗歌

还有一类诗歌是对别人的画作加以评论的，应该明确，这种诗歌不是题写在画上的，所以不是题画诗，但是，有的评画诗的作者，往往是大收藏家，在前人的名画上题上了自己的评论。如清朝乾隆皇帝。乾隆帝向慕风雅，笔墨遍留大江南北，而且又是文物收藏家，清宫大部分书画都是他收藏的。他在收藏的明代文徵明的《兰竹图》中就留下一首评画诗：

淇澳风依空谷香，气求雅合此同堂。
衡翁寓意真超俗，所见犹思鹤阜旁。

"淇澳"是指淇水弯曲处，在那空旷幽深的山谷，微风吹来兰花的幽香，它的气质、情趣高雅，和竹子正好相合，同处一堂；衡翁（文徵明号衡山居士）在画中的寓意超凡脱俗，我看到了画还在思念姑苏（"鹤阜"）的那位画家。这首诗既点出画意，又写了自己观感，岂非评画诗？

题画诗起源于何时，尚有争论，而评画诗则早就有了。南北朝时候庾信写了《咏画屏风诗二十五首》，其实屏风画是别人画的，而且至今失传，庾信则是看了画，写了诗，发表了感慨，描绘了画意，所以也只能算评画诗。

再看一首评画诗，明代孙承宗的《渔家》：

呵冻提篙手未苏，满船凉月雪模糊。
画家不解渔家苦，好作寒江钓雪图。

诗的意思是：撑船篙的手冻僵了，呵呵暖气也没用，冷冷的月光照着，船上一片模糊的雪影。这两句是解释画面的内容，诗的后两句是批评画家，不了解渔人的辛苦，偏偏爱画下着大雪的寒江垂钓画面。这是明明白白告诫，文艺创作要深入民间、了解生活啊！

除了评论画作，古诗中还有不少评论诗歌创作的，这是大家都非常熟悉的。

李白和杜甫的创作是中国古典诗歌领域的丰碑，后人为之击节赞叹，并写了不少评论的诗篇。可是清代赵翼写的《论诗五首》，其二说：

李杜诗篇万口传，至今已觉不新鲜。
江山代有才人出，各领风骚数百年。

风、骚，是指《国风》《离骚》，借指文学。很显然，这首诗是明确表示，诗歌创作应有时代精神、创新精神，李杜的诗流传千年，万人称颂，但已不新鲜，创作不能泥古不化，每个时代都应有独领风骚的大诗人。

再看《论诗五首》其三：

只眼须凭自主张，纷纷艺苑漫雌黄。
矮人看戏何曾见，都是随人说短长。

"只眼",是指独到眼力、主张,这要靠自己的慧眼。在纷杂的艺术领域,随意的说法对错都不一样。就像身材短的人看戏一样,自己没看到,只跟别人附和着说戏好戏坏,是不行的。应该有主见,不能人云亦云。

应该说,以诗论诗,这组诗的见解卓异,语言平实,比喻通俗,说理却畅达。李白、杜甫当时被称为诗仙、诗圣,后人评论诗作对他们推崇备至。韩愈《调张籍》:"李杜文章在,光芒万丈长","伊我生其后,举颈遥相望"。并且,这种推崇一直延续,到清代,甚至有人认为,自宋元以后就无好诗可论。赵翼的《论诗》则特立独行,提出应该有自己主张,有创新精神,诗歌创作才能跟随时代,不断发展。

## 诗眼和语文高考

诗眼和语文高考有什么关系？请看上海某年语文高考题。

阅读分析王维《晚春严少尹与诸公见过》一诗，对诗中的"鹊乳先春草，莺啼过落花"中的"过"字，赏析其表达效果。标准答案说："'过'字看似平实自然，实则巧妙，它将黄莺、啼叫声、落花组合在一起，能给读者带来多重想象空间，如黄莺啼叫着飞过落花，黄莺的啼叫声穿过落花等，进而引发诗人伤春惜时的感慨。"

这个"过"字就是诗眼。历年高考，各地考卷中考到诗歌中诗眼的还真不少。如全国卷中就曾考核王维《过香积寺》，问："你认为这首诗第三联两句中的'诗眼'分别是哪一个字？为什么？请结合全诗简要赏析。"原诗第三联两句是"泉声咽危石，日色冷青松"，答案分别是"咽""冷"。

山中的流泉由于岩石阻拦，发出声音如鸣咽之声；照在青松上的日色，由于山林幽暗，似乎十分阴冷。两个字用比拟和通感手法，生动形象地写出山中幽静的景象。

全国卷的考题干脆注明考"诗眼"，上海卷比较隐蔽，实际上也在考"诗眼"。

一、什么是诗眼？

眼，就是眼睛，透过眼睛可以清楚看清一首诗的主旨、意境和情趣。这种说法最早大约见于苏轼的诗句："天功争向背，诗眼巧增损。"（《僧清顺新作垂云亭》）范成大也说过："道眼已空诗眼在，梅花欲动雪花稀。"（《次韵乐先生除夜三绝》）

这实际上是把佛禅的"法眼""道眼"的说法引入了诗歌的评论和创作。诗有眼，后人沿袭了这种说法。

诗眼，是指一首诗中最精炼传神的一个字，或全篇当中最关键的句子。这个字或这个句子，往往有很强的艺术魅力，生动形象，意味深长，或生动表现全诗的主旨，诗人的思绪、情感。

上述上海高考和全国高考题中，要求分析的"过""咽""冷"三个诗眼显然就有这个特性。

二、诗眼在诗歌写作中的作用有哪些？

具体说有如下几方面。

（一）诗眼表达意思更加精确。

上海某年高考题，考到唐代释齐已的《早梅》诗："万木冻欲折，孤根暖独回。前村深雪里，昨夜一枝开。风递幽香出，禽窥素艳来。明年如应律，先发映春台。""一枝开"中的"一"，原为"数"，改用了"一"，更精确地表达了早梅凌寒独开的精神。

(二) 诗眼使诗句更加生动形象。

王安石"春风又绿江南岸，明月何时照我还"（《泊船瓜洲》）用"绿"字，是形容词作动词，形象写出春风把江南吹得遍地葱绿，比原先用"过""到"，显然更加生动。

秦观"山抹微云，天连衰草"（《满庭芳》），"抹""连"两个字极妙，写出了极目天涯境界：一个是山被云抹去，暮霭苍茫；一个是衰草连着天，暮冬景色惨淡。两个字均用了比拟手法，完全以国画手法入诗。

(三) 诗眼增添了情趣，蕴含了诗人的情感。

北宋宋祁"红杏枝头春意闹"（《玉楼春》），"闹"字用了比拟手法，王国维在《人间词话》中赞誉："著一'闹'字，而境界全出。""闹"字点出红杏纷繁盛开，且把大好春光都点染出来，有色有声，表现了诗人欢悦的心情。

北宋张先"云破月来花弄影"（《天仙子》），把云、月、花都拟人化，赋予了它们以生命力和丰富情感，而一个"弄"字化静为动，侧面写出了画外的看不见的"风"、幽美蒙眬的情趣，令画面充满生机。

宋末蒋捷"流光容易把人抛,红了樱桃,绿了芭蕉"(《一剪梅·舟过吴江》),时光流逝,春色易去,岁月匆匆,流光只是使樱桃红,使芭蕉绿,却"把人抛","红""绿"两字正道出时光匆匆、人生易老。

下面再来看看历年的高考题目。

福建卷:阅读下面一首宋诗,然后回答问题。

夜久无眠秋气清,烛花频剪欲三更。
铺床凉满梧桐月,月在梧桐缺处明。

(朱淑真《秋夜》)

题目:此诗无一"情"字,而无处不含情。请从三、四句中找出最能体现诗人感情的一个字。

这首诗写的是漫漫秋夜、孤衾独宿、烛花频剪、夜深难眠的愁绪。第三句一个"凉"字既写天凉,又写心凉,即心境的孤寂。

天津卷:阅读下面这首诗,然后回答问题。

北望燕云不尽头,大江东去水悠悠。
夕阳一片寒鸦外,目断东西四百州。

(汪元量《湖州歌》)

注:此诗是元灭南宋时,作者被元军押解北上途中

所作。

题目：简析"望"在诗中的作用。

一个"望"字统摄全篇，北望燕云，无限感慨，江水东去，象征南宋王国已灭，一去不复返了，自己此去，吉凶未卜，所以目光一直看到南宋曾统治的"四百州"江山，而北面元朝统治的燕云一带苍茫无尽，难测命运。全诗基调凄迷感伤。

浙江卷：阅读下面这首诗，然后回答问题。

平林漠漠烟如织，寒山一带伤心碧。暝色入高楼，有人楼上愁。　　玉阶空伫立，宿鸟归飞急。何处是归程？长亭更短亭。

（李白《菩萨蛮》）

题目：古典诗词特别讲究炼字，请简要分析"空"字在表情达意上的作用。

这首词写了暮色苍茫、烟云如织的秋末，思妇站立高楼思念远方的人。一个"空"字表达了苦苦等待而没有结果的孤寂、惆怅，增添了全词的"愁"绪。下一句"宿鸟归飞急"和久立的人空等待形成强烈对比，因为所等之人无归程，只是"长亭更短亭"，归程遥远。上下两片景中寓情，情中又写景,十分形象。

(四)诗眼往往能集中体现或实现全诗的主旨。

有时候一首诗中一个字眼的更动,往往是改换了主旨,翻出了新意。宋代萧楚才任溧阳县令时,张乖崖为知州,一日召萧一起吃饭,萧见桌上有诗稿,上云:"独恨太平无一事,江南闲杀老尚书。"萧见后,把"恨"字改为"幸"字。张出来见诗稿责问:"谁改吾诗?"手下人据实回复。萧回答说:"这是保您全身,如今您位高权重,奸人对您侧目相视。况且天下统一,您却独恨太平,为什么呢?"张连忙答谢:"萧弟真是我一字师啊!"这段趣事记在宋代《陈辅之诗话》里。萧楚才改了一个字,把"恨天下",即对天下太平不满,改为"幸天下",乃以天下太平而感庆幸,诗意、主旨迥异。在文字狱横行的封建时代,此一改,救张乖崖一命也!

领悟诗眼,还要从字面上去领悟其体现出来的全诗的主旨。如李清照《如梦令》:

> 昨夜雨疏风骤,浓睡不消残酒。试问卷帘人,却道海棠依旧。知否,知否,应是绿肥红瘦。

全词写晚春时节海棠花凋谢,女主人夜间烦恼,借酒浇愁,昏睡醒来,和侍女一问一答。侍女回答漫不经心,女主人嗔怪。"应是绿肥红瘦",这末一句正是诗眼,韵味极深。

"绿""红"借代绿叶、红花。"肥""瘦"是比拟手法,这里是写绿叶滋润、红花凋零,但内容的主旨却是留恋、惜别春光,委婉地寄寓对青春将逝、时光流逝的极大感伤。

下面再看一道高考题,辽宁卷:阅读下面这首宋诗,"数峰清瘦出云来"句中"清瘦"一词历来为人称道,请赏析其妙处。

年来鞍马困尘埃,赖有青山豁我怀。
日暮北风吹雨去,数峰清瘦出云来。

(张耒《初见嵩山》)

注:张耒,北宋诗人,苏门学士之一,因受苏轼牵连,累遭贬谪。

回答这道题,先要解释字面,"清峻瘦硬"。写山,实质是写人,借物喻己,高峻挺拔喻气势、品格。这里用拟人手法,以"清瘦"形容山峰,生动形象地表现了山峰的高峻挺拔,又象征了诗人清高独立、不怕打击的坚定不屈的人格和品质。

三、如何鉴赏诗眼,在高考中如何答题?

诗歌特点是语言简洁凝练,所以在鉴赏、答题时先要弄懂诗中的意思。

要理解诗眼的含义,先要明白此诗写作的背景和诗人的情况，不同的处境、不同的心境，同样的诗眼字面含义也不同。上面讲到的王安石"春风又绿江南岸"和李清照"应是绿肥红瘦"，两个"绿"字含义迥然不同。

因此，品析诗眼要紧扣诗人当时的思想感情，再去领会诗中表达的主旨。

诗眼往往是运用了不同的修辞手法和表现手法。如比喻、借代、比拟等修辞手法，或映衬、反衬、以声写静等表现手法。"鸟鸣山更幽"，以声反衬静。"红树醉秋色，碧溪弹夜弦。"（湘驿女子《题玉泉溪》）这里的"弹"，是诗眼，以动写静，比拟手法，又是以声反衬静，把玉泉溪赋以人的情态，生动形象。

诗眼，和高考题是很有缘分的。近现代作家刘铁冷在《作诗百法》中说："诗之有眼，犹人之有目也。"人之目，乃心灵窗口；诗之眼，乃窥视诗歌主旨、情趣的窗口。

# 白居易和陈逸飞的电影手法

## ——情景交融和景中寓情

白居易大概是电影学院毕业的,他的电影导演手法十分精湛。请看《琵琶行》开头:"浔阳江头夜送客,枫叶荻花秋瑟瑟",两个镜头就把时间、地点、人物和事件交代清楚,第二个镜头画面是秋风飒飒,江边荻花摇曳、枫叶纷纷,一下子就把人带入萧瑟悲凉的氛围当中。当琵琶女演奏完毕之后,白居易导演用的是"东船西舫悄无言",大全景摇大全景,之后的镜头往上摇,"唯见江心秋月白",这又是一个空镜头。在电影艺术中,画面上只有景和物的镜头,谓之空镜头,常借以烘托气氛或寓情于景。一个"江心秋月白"的空镜头正寄寓四周船上听琵琶女演奏的人,为她高超的技艺而倾倒、沉醉,从后面的描写看,此处也寄寓了对琵琶女悲凉身世的同情。两个空镜头竟有如此多的内涵。

　　当然，白居易不是导演，他用的也不是镜头，而是景物描写，表达的是景和物的关系。情景交融、景中寓情，是古诗中常用的表现手法。

　　西方文化注重理，中国文化注重情；西方艺术讲究实，中国艺术讲究意。以美术为例，西方的雕塑、油画就讲究写实、写真，而中国的水墨画就看重写意。诗歌也是如此。中国的古诗重于写情、写意，所以，鉴赏古诗也要着重体会诗中所蕴含的情和意。

　　一般地说，古诗鉴赏有如下几个步骤：第一，先辨析、理解诗中写了什么（景色、事物、人物、事件等）；第二，分析一下诗中按什么角度描写的（季节、时间、空间顺序，动态、静态角度，色彩、声音、气味等人类的感官角度）；第三，辨析诗中运用什么表现手法（直抒胸臆、景中触情、以实写虚、史料和典故运用、夸张、比喻，等等）；第四，理解诗中蕴含的情感，尤其应从景物描写中去联想感悟，也有的要联系作者生平遭遇去理解；第五，进一步领悟诗中的"意"，即主旨。

　　以上"步骤"是通俗的说法，如果讲得"高雅"一些，就是要分析体会诗歌中的意象、意境和意念。"窥意象而运斤"（刘勰《文心雕龙》），"意象欲出，造化已奇"（司空图《二十四诗品》），"古诗之妙，专求意象"（胡应麟《诗薮》）。古代文艺（诗歌）评论家提出了"意象"这个概念,就是说明古诗中的物象蕴含情和意。

关于古诗中运用的表现手法,有人归纳了几十种,这样未免太复杂了一些,对青年学生领悟古诗不利。本着复杂问题简单化的原则,我把它们归纳成几个方面,其中最主要的是理解情和景的关系。

一、直抒胸臆

诗人奔放的感情喷薄而发,以诗句直接表达出来。严羽评李白的诗说:"盖他人作诗用笔想,太白但用胸口一喷即是。""安能摧眉折腰事权贵,使我不得开心颜","天生我材必有用,千金散尽还复来","仰天大笑出门去,我辈岂是蓬蒿人",李白刚直不阿、狂放不羁的品格也正在这样直抒胸臆的诗句中表露了分明。陈子昂《登幽州台歌》四句诗,就是把诗人在当权统治下怀才不遇、报国无门的悲愤之情,直接抒发出来,具有很强的冲击力。

有人把这种表现手法称为"情中见景式",即联系作者生平,通过读者自己"开创的审美想象空间",从诗人的"情"中产生一个"有形的图画",即"景"。这种说法未必没有道理,但古今中外的名诗都有"情中见景"的特点。匈牙利诗人裴多菲的诗:"生命诚可贵,爱情价更高。若为自由故,二者皆可抛。"(《自由与爱情》)这是典型的直抒胸臆。如果联系匈牙利当时的背景和诗人的生平,通过联想,我们同样可以看到那一幅生动的画面:面对硝烟弥漫、战乱动荡的国土,诗人和自己的爱人诀别,决心为民族去献身。

关键在于联想。

李煜的词："多少恨，昨夜梦魂中。还似旧时游上苑，车如流水马如龙，花月正春风。"开头陡起，"多少恨"三个字把亡国之痛喷涌而发，联系这位南唐亡国之君的身世，他那种悲恸欲绝的形象就能突兀眼前。不过，词的后面几句都写车水马龙、花月春风的热闹繁华景象，以当年的奢华欢乐反衬今日的凄楚悲凉。这种梦境中景象所表露的"情"是在"景"中蕴含的，称为"景中寓情"。

二、景中寓情

诗人的情不直接表露，而深藏于所描绘的景象之中，读者也要通过联想去体会、领悟形象生动的画面中所包含的情感，这种手法是中国古诗中最常用的一种手法，其优点是含蓄耐读，而且情意也显得格外深长、浓郁。它类似于电影空镜头。

李白的《送孟浩然之广陵》后两句"孤帆远影碧空尽，惟见长江天际流"，朋友远去，李白还站在江边，看着船儿远逝直至天的尽头，看不见船了，只看见江水悠悠流逝。这种景象描绘，字面上在写景，内含的却是依依惜别的深情厚谊。郑君里导演的电影《林则徐》中描写林则徐和战友分别的场景，就借用了李白的这两句诗，画面中出现的是滔滔江水，孤帆远逝，衬上深情的音乐，令观众不免戚戚然。如果李白这两句诗直抒为"依依惜别难分手，无限深情藏心头"，岂不要索然无味，令人捧腹！

中国古诗中这种景中寓情的手法比比皆是，所以，王国维说:"一切景语,皆情语也。"(《人间词话》删稿)意思很明白,所有写景的诗句都在写情。

  天街小雨润如酥,草色遥看近却无。
  最是一年春好处,绝胜烟柳满皇都。
       (韩愈《早春呈水部张十八员外》)

全诗抓住景色特点,描绘美丽的早春比柳色如烟的暮春更美,正是写出诗人热爱春光、愉悦欢快的心情。

  千山鸟飞绝,万径人踪灭。
  孤舟蓑笠翁,独钓寒江雪。
       (柳宗元《江雪》)

这是人世间看不到的景色:天寒地冻,人鸟绝迹,只有在冰冻的寒江中,一个老渔翁在垂钓。联系柳宗元当时含冤被贬到永州的背景,就可以理解画面所要表达的正是作者悲愤痛苦、孤独无援的心情和自己坚贞不屈的性格。

有时,描绘同样季节的景色,但字面表达不一样,内含的情也不一样了。元代白朴的《天净沙·秋》:

  孤村落日残霞,轻烟老树寒鸦。一点飞鸿影下。
  青山绿水,白草红叶黄花。

曲中描绘的虽然是夕照下的秋色，加上有"老树寒鸦"略有悲凉意味，但后几句"飞鸿"落影，一个动态，加上青、绿、白、红、黄的艳丽色彩，秋色可人，表达的是诗人欢愉的心情和旷达高远的志向。而马致远同样景象的《天净沙·秋思》："枯藤老树昏鸦，小桥流水人家，古道西风瘦马。夕阳西下，断肠人在天涯"，表达的却是长期飘落在外的羁旅之人孤苦、哀愁的心情。所以，诗中的景，要细细地品，才能品出个中之情。

三、景物的渲染作用，情景交融、由景生情

这里又要讲到电影了。陈逸飞是著名画家，也是位很讲究的电影导演。他拍电影，每个镜头都要像一幅油画。以《人约黄昏》为例，影片描写1932年的上海，一个女子复仇的故事，而且借用了一个鬼故事的外壳。影片一开始，长长的石板路上，一双女人的脚在走。画面本身并不恐怖，然而，光和影彻底加以变化了。整个画面处理成蓝色基调，光束只打在石板路上，路面在拍摄前洒了水，光一打就产生反光，蓝莹莹的。路面两边没有光，黑沉沉的。这样的景再配上"橐橐橐"的脚步声响效果，立刻鬼气森森，摄人心魄。导演为什么这样处理光、影和声响？为了渲染气氛。而这种手法，如前所述，白居易导演在《琵琶行》开头早已用过。

渲染气氛，情景交融，在古诗中的艺术魅力有时甚至超过影视艺术。因为语言文字可以让读者去"再创造"，在理解和领悟中去开拓更广阔、更自由的天地，即刘勰所说"寂然凝虑,思接千载;悄焉动容,视通万里"(《文心雕龙》)。也正因为这样,我们有的专家可以把"月落乌啼霜满天"理解为有佛门意境,可以把"不识庐山真面目,只缘身在此山中"理解为有禅学真趣。各人的"再创造"罢了。不过,在高考答题中,千万不要这样再创造,根据诗的主旨、情感实实在在回答即可。

诗歌的特点往往是先写景,而这个景物描写之中往往已经包容着情,所以称为情景交融。这个景物描写还有另外一个作用,就是渲染、烘托。然后,诗人再由景而抒发感情。

王维《送元二使安西》就是典型的例子。

渭城朝雨浥轻尘,客舍青青柳色新。
劝君更尽一杯酒,西出阳关无故人。

春天,绵绵细雨沾湿了尘土;旅舍边的路上,柳条飘拂。此情此景,已交融了多少难分难舍的深情厚谊,渲染了多么浓郁的氛围。如果写大雨倾盆、尘土飞扬,那不全完了,还谈什么离情别意?接下来两句就是抒情了,和朋友依依惜别。

同例,高适《别董大》:

千里黄云白日曛,北风吹雁雪纷纷。
莫愁前路无知己,天下谁人不识君?

前两句写乌云密布、日光昏暗，然后下起鹅毛大雪。此景也是渲染了离别之情。为什么呢？因为天下大雪路难走，你不该走，可还是要走了。景中正是交融了不忍离别之情。后两句由景而劝勉对方：那就走吧，朋友，天下的人谁不了解你啊，前面还有知己在等你。

应该指出的是，情和景的分写，并不是先写景、后抒情，也有先抒情、后写景的。如"寂寞凭高念远，向南楼一声归雁"（陈亮《水龙吟·春恨》），前一句写自己内心的寂寞，凭着高处，思念远方，下一句中，因为鸿雁能充当信使，而远征人未归，所以探问归雁的消息。陈亮是和辛弃疾同时代的主战派爱国诗人，词中写的寂寞、悲凉心情正是报国无门、壮志未酬的悲愤之情，"归雁"一句写景，也正是交融了反偏安、复故土的抗敌之情。

说到最后，我们再评论一下，古代的白居易和现代的陈逸飞，两位都是大导演，那么，谁向谁学习的呢？当然是现代向古代学习的。这就是艺术的传承、发展和创新。不信？听他们在天堂对话。

# 电影《生死恋》的艺术魅力

## ——"物是人非"的手法

日本电影明星栗原小卷曾是一代影迷的偶像,她主演的《生死恋》也曾风靡一时。这部电影描写一位叫夏子的姑娘爱上了男友野岛的好朋友大宫雄二。影片中有一场夏子和大宫打网球的戏,打球时,夏子总是灿烂地笑着,还高声地喊:对不起,球太高了、太高了……而野岛在一旁和善地看着。这部爱情戏,最后是悲剧,夏子在科研所的一场意外爆炸中丧生。影片最后一场戏还在网球场。蒙蒙细雨中,大宫和野岛撑着雨伞,望着空荡荡的网球场。空灵的球场上传来夏子灿烂的笑声和高喊声:对不起,球太高了、太高了……声音还处理成颤响音,反复震荡。看到这里,那种悲凉的情感,会渗入毛骨。

这是种很高明的表现手法。这种手法叫物是人非,而且还可以说,这种手法是从中国的古诗中学去的,请看:

去年元夜时,花市灯如昼。月上柳梢头,人约黄昏后。　今年元夜时,月与灯依旧。不见去年人,泪满春衫袖。

(欧阳修《生查子》)

这是首灵光独运的断肠词,今与昔、悲与欢互相交织,前后映照。词中写元宵节夜晚的灯市,展示欢乐聚会的令人销魂的时空背景,然而今年重游故地,景物依旧,人事全非,孤身只影,抚今追昔,潸然泪下。真是物是人非,不堪回首。上述电影《生死恋》的结尾,和此诗艺术手法是否同出一辙?

除了写爱情,物是人非的手法还可深刻地表示对故人、对战友的深切怀念。电影《冰山上的来客》是部经典作品。不但是那几首经典电影插曲令人经久难忘,而且那些平凡而又英勇的形象更永远铭刻于我们脑海之中,这和电影最后的表现手法也是有关的。故事讲完,影片最后的画面是绵亘巍峨的冰山(大全景,摇),一排长、卡拉等为守卫祖国疆土而牺牲的英雄一个一个走过画面(叠印),主题音乐响起,"冰山依旧,英雄已逝",那悲壮的情怀油然而生。出色的结尾，是这部电影极强的艺术魅力的重要组成部分。

感念旧事故友，古诗中也经常在景色描写中寄寓思念之情。唐代赵嘏《江楼感旧》：

独上江楼思渺然，月光如水水如天。
同来望月人何处？风景依稀似去年。

同来望月的事是在去年，今年来了，月色和水色一片融汇，风景依旧，但同来的人却不在。人是谁呢？如果按照电影镜头的用法，一定和上面《冰山上的来客》结尾一样，用了叠化镜头，把此人叠化在月色之中，物是人非，倍添思绪。

表达伤春惜时的主旨和情感，也常常采用物是人非的手法。王洛宾改编的现代流行歌曲《青春舞曲》唱道："太阳下去明天依旧爬上来，花儿谢了明年还是一样的开……我的青春小鸟一样不回来……"这种写法显然是承继了唐代刘希夷的诗《代悲白头翁》："……今年花落颜色改，明年花开复谁在……年年岁岁花相似，岁岁年年人不同……"用花开花落、年年相似，但岁月流逝、人渐老去，来表示珍惜时间，这样的主旨表达，在古诗中不少。

贺知章《回乡偶书二首》（其二）：

离别家乡岁月多,近来人事半消磨。
惟有门前镜湖水,春风不改旧时波。

诗人年老回乡,与亲朋交往得知家乡人事种种变化,慨叹人事无常。有的人去世,有的人沉沦,变迁太大了。虽然他离别故乡的镜湖已五十多年,但在春风吹拂中镜湖的水波却依然和旧时一样。三、四句诗人从人事变化转入对自然景物的描写,因为涌上心头的正是"物是人非"的感触。人生易老,世事沧桑,唯有故乡永远在游子心头,这样的主旨正是在朴实无华、毫不雕琢的语句中,用物是人非的手法震撼着读者。

说到物是人非的手法,还有一首大家非常熟悉的诗,值得介绍——唐代崔护《题都城南庄》:

去年今日此门中,人面桃花相映红。
人面不知何处去,桃花依旧笑春风。

寻春遇艳,重访不遇。场景相同,物是人非。桃花依旧,人面不见。两相映照,无限惆怅。

关于这首诗,还有一个凄美的传说,记于唐代孟棨《本事诗·情感》。唐代博陵青年才俊崔护,去京都长安参加进士考试,却名落孙山。清明时节,他一个人去都城南门外郊游，口渴求茶去一户庄园敲门。门敲很久，有一位姑娘在门后窥视，细声询问有何事，崔护告知讨茶喝，姑娘即去取茶送上。姑娘姿色艳丽，神态妩媚温柔，崔护一见倾心，而崔护也是容貌英俊，文采出众，姑娘见之，也不由脉脉含情。在当时社会，男女青年是不可能相互钟情而即刻表白的。喝完茶，崔护即拱手告辞，怅然而归。第二年，清明时节，崔护又去城南寻访，门庭庄园依旧，花木葱茏，但门已紧锁。崔护因而在门上写下了这首七言绝句。几天之后，他偶然又去城南，就又寻去，听见屋里有哭声，敲门一问，有老者出来认出他而痛哭。原来那位姑娘去年见了崔护以后，便整日相思，神情恍惚。前几天她外出回来，看到门上的诗句，以为错过，进门就病了，之后就香消玉殒了。

故事是否编造，不得而知，不过宋代《太平广记》一书中也有类似记载。故事还有一个喜剧的结尾，说姑娘死后，尚未下葬，崔护抚着她大哭，她竟然活了过来。于是，化悲为喜，俩人结为伉俪，恩爱一生。

不管如何编造，这首诗本身也是有情节性、传奇性的，加以敷衍铺陈，甚至可以编成一部电视连续剧，而且很有可看性。其原因就在于：这个故事具有一种典型意义，即人们在不经意的情况下遇到某种美好事物，却并不注重，当刻意去追求时，已不可复得。这是相当多的人共有的人生体验。这种人生体验，在艺术上的表现是，用对比映照，在回忆中描写已经失去的美好事物,并且面对熟悉的景和物,"桃花依旧笑春风",使回忆显得特别珍贵、美好,倾注了特别多的情和意。

这一切,就是"物是人非"手法的艺术魅力。

[唐] 岑参《还高冠潭口留别舍弟》

# 宋徽宗的科举考题

## ——侧面描写 婉转含蓄

中国的古诗讲究宛转、曲折、含蓄。"贵直者人也,贵曲者文也。"(袁枚《小仓山房尺牍》)因为优秀的艺术作品并不是直露无疑,而是能令人回味无穷的,可谓"言简意深,一语胜人千百"(赵翼《瓯北诗话》)。

为使诗意含蓄,侧面描写是一种重要方法。何谓侧面描写?据说当年宋徽宗曾命题"深山藏古寺"考察画家,要手下的画家按题画画。画家们苦思冥想,要把古庙"藏"在深山老林中,有的把庙画得很小,有的只画一角或残垣断壁,乃至只画庙的幡旗在山林中飘扬……这些画法均不合意。只有一位画师根本没画古庙,而是画崇山之中,一个老态龙钟的和尚在清溪边舀山泉倒入桶内。妙极!这就叫侧面描写。

古诗中也是如此,即不直接地、正面地状物抒怀,而是借用其他事物、事件来间接地、侧面地表情达意。

一、以"宾体"托"主体"

如果把侧面描写比作"宾体",把正面描写比作"主体",那么,写"宾体"就是为了突出"主体"。写"宾体"不是目的,而是以"宾"托"主"。

(一)无形的事物,没法正面描写,就必须借用他物侧面表现主体。

清代陈长生《春日信笔》:

软红无数欲成泥,庭草催春绿渐齐。
窗外忽传鹦鹉语,风筝吹落画檐西。

这首诗前两句写庭院中红花绿草,扣住"春日",并无多大特色。妙的是后两句:鹦鹉在叫,风筝吹落到屋顶的西边了。为什么写风筝,细细品味,噢,这是在侧面描绘"东风劲吹,春意浓"!东风把风筝吹落到西边了。

清代江湜《彦冲画柳燕》诗前四句:

柳枝西出叶向东,此非画柳实画风。
风无本质不上笔,巧借柳枝相形容。

诗中讲的是画画，风是无形的，如何可画？借柳枝的动态，岂非形象生动？音乐也是无形的，用"有形"的人的神态动作就突出了音乐的魅力。唐代李益《从军北征》："天山雪后海风寒，横笛偏吹行路难。碛里征人三十万，一时回首月中看。"这首边塞诗描绘戍边征程的艰难及征人的离别伤感，一曲《行路难》竟然使三十万士兵回头望月思乡，笛声何等感人。又如白居易《琵琶行》："忽闻水上琵琶声，主人忘归客不发"，"凄凄不似向前声，满座重闻皆掩泣"。写人们忘了归去，掩面哭泣，都是以"宾"托"主"，表达音乐魅力。

（二）借用相关的他人、他物的描写来突出主体。

先不妨介绍一下古典小说《三国演义》中"温酒斩华雄"一节：十八路兵马攻打董卓。董卓大将军华雄打败十八路兵马的先锋孙坚，又在阵前杀了两员大将。在十八路诸侯束手无策之时，关羽要求出战，袁绍、袁术却看不起他这个马弓手。曹操识英雄，劝解袁绍，并为关羽敬上一杯热酒，关羽说："酒且放下，等我杀了华雄再来喝！"说毕，提刀上马去了。小说写到这儿，不写关羽如何奋战华雄，却只写帐外的战鼓声和呐喊声，以及军帐内众人的表情。不一会儿，关羽进帐，扔下华雄脑袋，而杯中酒尚温热。

这段描写，实在精彩，真正达到了虚实结合，虚写战场，实写军帐中，有令人惊心动魄的艺术效果。

这种侧面描写是从相关的他人、他物描写中来突出主体的。

汉乐府《陌上桑》写美女罗敷，先正面描写："头上倭堕髻，耳中明月珠。缃绮为下裙，紫绮为上襦。"接着用不少笔墨以"宾"托"主"，生动地写出见到她的人的各种神态：挑担的人放下担子，拈着髭须，看呆了；少年人下意识摘了帽子，露出头巾，看傻了；耕地的人忘了种地；锄草的人忘了锄草；这些人回家还和妻子互相埋怨生气，只因为看见了罗敷。（"行者见罗敷，下担捋髭须。少年见罗敷，脱帽著帩头。耕者忘其犁，锄者忘其锄。来归相怨怒，但坐观罗敷。"）罗敷女美哉！

在抒发内心情感时，古诗中也常常侧面借物表达本意。

唐代郑仲贤《送别》：

亭亭画舸系春潭，只待行人酒半酣。
不管烟波与风雨，载将离恨过江南。

船儿停在河中，离别的酒喝到半醉时，为何船就要开走了呵！诗中借对画船的怨恨来抒发离愁别恨。

李商隐《锦瑟》："锦瑟无端五十弦，一弦一柱思华年。"琴弦有五十根，关你什么事？诗人却埋怨它"无端"（无缘无故），这是借锦瑟抒发追忆往事的感慨。

李白《劳劳亭》：

天下伤心处，劳劳送客亭。
春风知别苦，不遣柳条青。

劳劳亭是送客亭，古代送客折柳送别，"柳"者，勿分别，留也。柳色青青，更添离别之苦，所以，春风如果知道送别之苦，就不应吹绿柳条。这种埋怨岂不好笑？不，诗人正是借埋怨春风表达了离别的沉痛。

类似的诗作很多。可以看出这类诗句中确实运用了比拟的修辞手法，也把诗人的"情"移到了外界景物之中，但不等同于"景中寓情"，因为这个"景"和诗人的"情"毫无关系，只是借用而已。

（三）借用对他物的想象来突出主体。

我又要谈电影了。1936 年苏联导演罗姆的《沙漠苦战记》，描写由十三名战士组成的小部队和匪徒在沙漠中苦战，十二个人殊死决战，另一个人上马突围求救。影片用平行蒙太奇，同时表现十二人决战和一人在沙漠中艰难跋涉场面。然而画面上并没出现那士兵飞奔疾驰或在沙漠中挣扎的情景，观众连那个人都看不见，只看到无边无际大沙漠上伸向天际的一连串马蹄印，后来那马蹄印变得杂乱，再往后只见地平线尽头有个小小的东西匍匐在地，再往后只见沙漠上人的脚印，脚印又变得紊乱了，再往后，脚印变成一长条拖曳的沙沟（马死了，脚走不动了，只能爬了），最后看到一支来复枪和一把军刀撂在沙滩上……

匈牙利电影理论家贝拉·巴拉兹在《电影美学》中专门论述了这场戏，认为导演如果笨拙地"表演那个骑马的人狂奔不已，那观众一定会比骑马的人先感到不耐烦"，现在，"士兵他本人从未露过脸，但是他在我们想象中的画像却更加悲壮动人，我们仿佛读到了一首描写漫长路程的悲剧诗，而每一个新的足迹，每一件新的东西都是其中的一段新的诗句。"

苏联的这位导演大概是向中国的古诗学会了这种表现手法吧。这种手法就是让观众（读者）借用对其他事物的想象来表现、突出主体。这种描写，往往运用了夸张的手法，因为在客观世界中这种事物、这种情况是不可能出现的。超越实际的描写，正是为了突出主体，衬托一种极度的情感和状态。

汉乐府《上邪》：

上邪！我欲与君相知，长命无绝衰。山无陵，江水为竭，冬雷震震，夏雨雪，天地合，乃敢与君绝！

诗中主人公对上天发誓要与爱人永久相爱，除非高山夷平，长江枯竭，冬天打雷，夏天下雪，天地相合，才敢两情断绝。以不可能发生的事来反衬，突出坚贞不渝的爱情。后人沿用这种手法的很多。如敦煌曲子词《菩萨蛮》："枕前发尽千般愿，要休且待青山烂。水面上秤锤浮，直待黄河彻底枯。白日参辰现，北斗回南面。休即未能休，且待三更见日头。"两个情人在枕边发的誓，要等青山腐烂，秤砣上浮，黄河枯竭……这些事永不会发生，所以两人永不分离。

古典诗歌中用这种手法描绘女子美貌的也十分普遍，用夸张手法、浪漫主义的想象侧面突出主体。唐代宋之问《浣纱篇赠陆上人》中写西施的美丽：

艳色夺人目，效颦亦相夸。
一朝还旧都，靓妆寻若耶。
鸟惊入松网，鱼畏沉荷花。

"鸟惊""鱼畏"，实在是她太美了。而用"沉鱼落雁""闭月羞花"来侧面形容的，更是举不胜举。"秀色掩今古，荷花羞玉颜"（李白《西施》），"沉鱼落雁鸟惊喧，羞花闭月花愁颤"（汤显祖《牡丹亭》描绘杜丽娘美貌），《红楼梦》二十七回写大观园的美女："这些人打扮的桃羞杏让，燕妒莺惭"，同样用的是此类手法。

浪漫主义的夸张手法，以"宾"托"主"，在音乐的描写中也常见。唐代韦庄《赠峨眉山弹琴李处士》中间几句：

> 一弹猛雨随手来，再弹白雪连天起。
> 凄凄清清松上风，咽咽幽幽陇头水。
> 吟蜂绕树去不来，别鹤引雏飞又止。
> 锦麟不动惟侧头，白马仰听空竖耳。

描写琴声，不直接写琴声优美，只写这种美所产生的作用，化用了不少有关音乐的传说，以雨、雪、风、水、蜂、鹤、鱼、马作为"宾"来突出音乐这个"主"。

应该指出，上述写法和白居易《琵琶行》中那段音乐描写不同。《琵琶行》中是以"急雨""私语""大珠小珠落玉盘"等声音形象比喻琵琶的乐声，不是以"宾"托"主"，而是正面描写。

另外，这种侧面描写的手法和以景物来渲染、烘托气氛的手法也不同。烘托气氛的景物是客观存在的，不是受主体影响产生的。"浔阳江头夜送客，枫叶荻花秋瑟瑟"（《琵琶行》）渲染离别伤感气氛。"风萧萧兮易水寒，壮士一去兮不复还"（《易水歌》）是烘托壮士的豪情，风萧水寒，不是由壮士"主体"直接影响而产生的。

二、写对宾体的影响突出主体

人和物对外界会产生作用和影响，古诗中常常侧面描写由本意和主体所产生的作用，而将本意和主体表现出来。

《诗经·伯兮》中有：

> 自伯之东，首如飞蓬。
> 岂无膏沐，谁适为容。

诗中说一位女子自从丈夫往东远出服役，就整天不梳头，头发像蓬草一样乱。不是不能抹油梳洗发髻，而是丈夫不在，去为谁化妆打扮呢？是什么造成"首如飞蓬"这种影响的呢？人们要想一想，才能悟出这是因为思妇在怀念征夫。正是侧面描写，才使这种思念之情显得格外含蓄隽永。

《诗经》之后，后代诗词沿用这种手法的很多。"自君之出矣，明镜暗不治。"（徐干《室思》）每天连镜子也不照了，所以明镜蒙尘发暗。"罗襦不复施，对君洗红妆。"（杜甫《新婚别》）丈夫从军，新妇诀别，把花衣裙脱下，把红妆洗掉，这种写法也是脱胎于此。

因为忧愁会使人消瘦，消瘦会使人腰带宽松，所以，古诗中又常用衣带宽松来侧面突出人的忧思。离乡背井的游子思念故乡："相去日已远，衣带日已缓"（《古诗十九首》），"离家日趋远，衣带日趋缓"（《古歌》）。女子思念远方的夫婿："荡子十年别，罗衣双带长。"（刘孝绰《古意》）

"绮罗日减带,桃李无颜色。思君君未归,归来岂相识。"(刑劭《思公子》)你看,因为相思而瘦得将来丈夫回来都不认识自己了!

把漂泊异乡的荡魄与思念意中人的恋情缠绵交织一起,而以侧面描写"曲径通幽",令人回肠荡气的,当推柳永的《蝶恋花》词:

伫倚危楼风细细。望极春愁,黯黯生天际。草色烟光残照里,无言谁会凭阑意。 拟把疏狂图一醉。对酒当歌,强乐还无味。衣带渐宽终不悔,为伊消得人憔悴。

词的开头就写主人公长久站在高楼,极目天涯而生"春愁",看到的是夕阳映照的烟雾草色。他久久不离去,为什么呢?无人领会。诗人在卖关子,闪烁其词。越是含蓄,读者越想悟出其真情,下阕更是宕开一笔,写他准备借酒狂欢,还要大声高歌,可是乐不起来,为什么呢?写到这里,"主体"还是没写出,诗人始终在写主人公的神态、动作、打算。"衣带渐宽终不悔",更是侧面写出"春愁"的影响,直至最后一句才一语破的:原来是在苦苦思乡,思念故乡的那位恋人!千回百折,扑朔迷离,以侧面描写,含蓄表达,刻画出一位对爱情忠贞不移的游子形象。所以,王国维称"此等词古今曾不多见"(《人间词话》未刊手稿)。

### 三、换位描写突出主体

所谓"换位"就是不正面写主体,而是换个方位,从与主体相对的面来写。《三国演义》写张飞的威武,在与曹军对阵时,罗贯中把大量笔墨用在对曹军的描写上,在小说中,写张飞三次大喝,第一次大喝:"我乃燕人张翼德也!""曹军闻之,尽皆股栗。"第二次大喝后,"曹操见张飞如此气概,颇有退心。"张飞第三次大喝后,"喊声未绝,曹操身边夏侯杰惊得肝胆碎裂,倒撞于马下。操便回马而走。于是诸军众将一齐望西奔走……"写曹军是为了写张飞何等英武勇猛。

古诗中写人抒怀也常常不从自己的角度落笔,而换个方位从对方角度来写,猜测悬想,婉转含蓄地表达自己的情意。王维《九月九日忆山东兄弟》:"独在异乡为异客,每逢佳节倍思亲。遥知兄弟登高处,遍插茱萸少一人。"明明是自己在异乡思念家乡的亲人,却说家乡的兄弟们在登高插茱萸时,想到身边"少一个人",即在思念我王维。杜甫的名诗《月夜》用的也是同样手法。天宝十五载(公元756年)六月,杜甫为避安史之乱,携家逃难至鄜州,其后自己却被叛军虏至长安。他只身在长安思念家人,却说妻子在思念自己("今夜鄜州月,闺中只独看")。儿女还小,却不懂妈妈的心意啊!("遥怜小儿女,未解忆长安。")接着揣想妻子在思念中的情景："香雾云鬟湿，清辉玉臂寒。"结尾两句想象将来会面时的情景（"何时倚虚幌，双照泪痕干"）。后来，李商隐的《夜雨寄北》，其手法简直如出一辙："君问归期未有期，巴山夜雨涨秋池。何当共剪西窗烛，却话巴山夜雨时。"诗人自己思家，却先写妻子思念他，问他何时回家；接着写巴山夜雨渲染今晚景色，寓思念之情于景。他正是用换位描写手法，把思念之意曲折表达而益显得真切。

现实与梦幻也是相对的。把现实的事情写得如同梦幻，委婉别致，更耐人寻味。杜甫《羌村三首》（其一）："夜阑更秉烛，相对如梦寐。"杜甫在安史之乱中回到了家，同妻儿相会是真实的，却怀疑是梦中景。"信而疑""疑而信"，含意不尽。这种写法，古诗中又不乏例外。"乍见翻疑梦，相悲各问年。"（司空曙《云阳馆与韩绅宿别》）"久别偶相逢，俱疑是梦中。"（白居易《逢旧》）"了知不是梦，忽忽心未稳。"（陈师道《示三子》）"今宵剩把银釭照，犹恐相逢是梦中。"（晏几道《鹧鸪天》）以上例句均属此类侧面表达手法。宋代范晞文在《对床夜语》中评论此类写法道："皆唐人会故人之诗也。久别倏逢之意，宛然在目，想而味之，情融神会，殆如直述。"可见，读这样的诗是需要读者去"想而味之"、仔细体会的。

换位描写是一种独特的艺术构思，有人又称之"折绕联想"，即需要读者从字面的描写去绕着联想，体会其真意。

而这种方法不仅可以用来表达哀怨愁思、儿女之情、亲友之情，即使是抒发豪情壮志的边塞诗中，也常应用。例如，王翰《凉州词》："葡萄美酒夜光杯，欲饮琵琶马上催。醉卧沙场君莫笑，古来征战几人回。"写战争，一般是正面写沙场作战，可是这首诗却换位写战争间歇时沙场上将士们的吃喝玩乐：捧着夜光杯喝美酒，骑在马上弹着琵琶作乐，而且还要喝得酩酊大醉。为何？诗的末句点明主旨，因为为了国家，明天要上战场拼死捐躯了！这种豪迈壮烈情怀在寻欢作乐的描写中，让你去体会吧！

以上分三个方面，分述了侧面描写的一些表现手法，未必完全，也不需要十分完全。因为在实际鉴赏中，我们只要大体知道，这种写法就是"侧面描写、婉转含蓄"即可。如此而已。

# 画眉毛和应试进士

## ——古诗的"意在言外"

唐诗中有不少令人拍案叫绝的佳作,朱庆馀的《近试上张水部》即是这样一首诗:

洞房昨夜停红烛,待晓堂前拜舅姑。
妆罢低声问夫婿,画眉深浅入时无。

从诗的字面解释看,是写新娘进了洞房,花烛彻夜通明,因为天亮以后要去拜见公婆以求讨个好,所以打扮一番,后轻轻问丈夫:"我的眉毛浓淡画得可合适时兴?"

这是朱庆馀参加进士考试以前写给当时担任水部郎中官职的大文人张籍的"行卷"。"行卷"是指参加进士考试前呈给名人的诗篇，以探询自己的作品是否符合主考官大人心意，可是这篇"行卷"却写一位新娘的忐忑不安，她化了妆以后还轻声询问自己丈夫，好不好，"低声"，把新嫁娘的那种娇羞神态真是刻画得惟妙惟肖。

作为一首闺房诗，这首诗可以说是十分优美动人了。然而，以此来鉴赏，那就会进入误区了。仔细品味诗的题目，了解创作的背景就可以知道，作者的本意是表达自己在应试前，在面临自己政治前途的关键时刻，内心的那种不安和期待。这种心态和新嫁娘如果得到夫君和公婆喜爱，就能在这家人家得到安稳的地位是一样的，因为科举考试能进士及第，就前途无量了。

张籍收到诗后当然是懂得这首诗的深意的，接着也就写了《酬朱庆馀》一诗，给他明确的回答：

越女新妆出镜心，自知明艳更沉吟。
齐纨未足时人贵，一曲菱歌敌万金。

张籍的诗，也像朱庆馀的诗一样用比喻。写越州的一位采菱姑娘，又美丽又会唱歌，明明知道自己美艳，却还沉吟担心。这是在回答朱庆馀的担心"入时无"。朱是越州人，张籍在此把他比作"越女"。诗的三、四句，进一步赞扬"越女"才艺出众。说，虽有许多美女穿着齐地出产的名贵华丽衣服("齐纨"),但人们并不看重,而是赞扬这位采菱姑娘的歌喉更"敌万金"。

朱庆馀的才华,张籍早已赏识。所以这首诗尽管回答得委婉曲折,意在言外,实际上是非常明确地告诉他,你很有才华。

两位大诗人,酬答俱妙,为千年来诗坛佳话,对于我们今天鉴赏古诗,也甚有启发。那就是,读古诗不能光读懂字面,还应明白其意在言外,读懂其内含的真意。

意在言外,并非让人看不懂,而是要读者仔细品味语句,联系作者的处境,或联系写作的对象去联想。

朱庆馀还有一首《宫词》,言外之味尤须品味:

寂寂花时闭院门,美人相并立琼轩。
含情欲说宫中事,鹦鹉前头不敢言。

宫怨诗,古代很多。杜牧《秋夕》中写宫女:"天阶夜色凉如水,坐看牵牛织女星",具体描写在寂寞凄凉的秋夜,宫女孤独痛苦的心情。元稹的《行宫》:"寥落古行宫,宫花寂寞红。白头宫女在,闲坐说玄宗。"那是两个白发的宫女在诉说自己一世的孤寂了。而朱庆馀的这首宫怨诗,清代陆次云的《五朝诗善鸣集》中评论,为"宫词中最新妙者"。"花时""闭院门",岑寂至极;两宫女相伴,"相并",靠的近,比较好说话,胸中之情积郁日多,正想互相诉说;"无奈举头见鹦鹉之在前。鹦鹉是能言之鸟,故亦避忌他"(徐增《而庵说唐诗》),所以必须提防。宫里的黑暗恐怖,被关锁在宫中的宫女们那种痛苦的幽怨,全在这看见鹦鹉而欲言又止、不敢开腔的描写中表现,"意颇机警,寄怨特深"。后人评价这首诗的"深妙",更在《近试上张水部》之上。

再看这首诗,描写了"花时""琼轩""美人""鹦鹉",组成一幅风光旖旎的画面,令人艳羡,可是仔细一想,那是一个多么恐怖的世界,在那里生活的宫女不但被剥夺青春和幸福,连开口说话的自由都没有,唯恐被人告密而惨死。《宫词》的言外之意,正是揭露这"宫中事秘,世莫能详"的人间悲剧。

意在言外,作者自己仿佛常处在一个客观的地位,不露声色地描写,个中深意,让读者去猜想、领会。

《孔雀东南飞》在这方面是极有特色的,刘兰芝被婆婆逼迫,和焦仲卿分离。两个相亲相爱的人离别,应该是全篇最惨痛的一幕,可是诗中却不见一个"悲"字、"惨"字,兰芝只是说:

  妾有绣腰襦,葳蕤自生光。
  红罗复斗帐,四角垂香囊。
  箱帘六七十,绿碧青丝绳。

物物各自异，种种在其中。
人贱物亦鄙，不足迎后人。
留待作遣施，于今无会因。

　　东西还不少，都是当初嫁妆，也可见家境并不贫寒，不值得留给焦仲卿再娶的妻子，只是作为纪念物吧。用物来作为人的象征，留给你。这段话没说悲，没说流泪，却比直说还悲怆百倍。

　　在这首诗中，刘兰芝对封建礼教的残酷迫害表示了强烈的抗议，然而这种抗议也不是直接表达，而是意在言外。离开焦仲卿家那天清晨，"新妇起严妆"，打扮得漂漂亮亮，每穿戴一件衣饰都更换四五次（"事事四五通"），那美貌"精妙世无双"。作者这一段写她打扮、写她美貌，其意则表示，如此一个家境富裕、美丽温柔的女子，却因为一个代表封建礼教的婆婆的无理斥退，而被休回家，这是多么不合理啊！这一切也正是焦、刘婚姻悲剧的根源，是全诗主旨所在。

　　意在言外，要在鉴赏之中，准确把握，那就还必须懂得或了解诗中反映的故事背景、写作背景，有的诗还必须懂得其中写到的典故或历史事件。

　　请看，李商隐《瑶池》：

瑶池阿母绮窗开，黄竹歌声动地哀。

## 八骏日行三万里，穆王何事不重来？

这首诗的解读，没有注解，不知典故，实在难以理解。西周的历史典籍《穆天子传》（又名《周穆王游行记》）中记载了周穆王和西王母的故事。说周穆王用八匹骏马拉车，日行三万里，到天堂瑶池会见西王母，西王母说，希望你不死长生，还能再来（"将子无死，尚能复来"）。周穆王答："比及三年，将复而（尔）野。"然而后来，当西王母推开绮丽的窗户，眺望东方，却不见周穆王踪影，只听见《黄竹歌》哀声大作。《黄竹歌》是周穆王看到受冻的百姓而创作的歌，显然作歌人已死，这位追寻长生不老的求仙之王已无缘仙国。

了解了以上典故，再了解李义山所处晚唐时代。当时有好几个皇帝迷信仙道，服食丹药，妄求长生，却中毒早死。本诗正是讽刺求仙的虚妄。这本是很费一番议论的主旨，李商隐在这首诗中却不著一字议论、抨击，而以西王母一动作、一心理的形象描写来表达。"尽言尽意矣，而以诘问之词吞吐出之，故尽而不尽。"（纪昀《玉溪生诗说》）真是意在言外，余味无穷啊！

# 顾恺之画毫毛

## ——"小中见大"的手法

顾恺之是东晋的大画家，其绘画才能非凡，世称奇绝。有一次，他为裴楷画像，特意在裴楷脸颊上添上了三笔毫毛。画成之后，裴楷形象格外生动，"观者觉神明殊胜"（《晋书·文苑传》）。

小小的毫毛，大大的作用。这种以小见大的手法，在文艺创作中极为重要。画家要画万里长江，只需画一部分长江景色。舞台上，要表现千军万马，只需几个人拿着一面军旗，几杆木枪，吼着走一圈就行了。诗歌创作也是如此。诗人写景，只要抓住一小点或一部分，读者读诗如同观画，以小见大，去想象无尽的景色，以有限见无限，以局部见全体，甚至还能以典型的小事物，去窥见社会的大事件。

一、以小景传大景之情，以局部见全体之美

韩愈《早春呈水部张十八员外》：

> 天街小雨润如酥，草色遥看近却无。
> 最是一年春好处，绝胜烟柳满皇都。

"润如酥"的雨，是典型的早春特色。最令人叫绝的是第二句，小草在早春刚刚冒尖，近看是看不清的，远远看去可看到一片绿茵茵。三、四句把早春的美景和暮春对比，显得更美。"烟柳"是指暮春的杨花柳絮飞扬，又是以小见大的借代手法。而这种创作手法按王夫之《姜斋诗话》中说法是"皆以小景传大景之情"。杜审言《大酺乐》诗"梅花落处疑残雪，柳叶开时任好风"，写春风吹拂初开的柳叶，是小景物，但人们可以联想到东风骀荡、春意盎然的美景。杜甫诗"细雨鱼儿出，微风燕子斜"，写的是细雨落在河水中有水泡鱼儿就会上游，燕子身体轻弱，禁不住大风，在微风中能受之为势轻翔。这两句诗无字点到"春"，却让人感受到细雨蒙蒙、微风吹拂的春景。

应该说，这样的写法和诗人对生活、对事物、对大自然的细微体察是分不开的，而在创作中又要紧紧地抓住事物的特点。清代刘熙载《艺概·诗概》说："山之精神写不出，以烟霞写之；春之精神写不出，以草树写之。故诗无气象，则精神亦无所寓矣。"

高中语文教材中收王维《终南山》一诗：

太乙近天都，连山到海隅。
白云回望合，青霭入看无。
分野中峰变，阴晴众壑殊。
欲投人处宿，隔水问樵夫。

领联两句正是用烟霞表现了山的精神。登山进入烟雾缭绕的山中，往往看不见烟霭，不直接说自己登上了高山，只写出这种细微而真切的感受，读者已能联想到诗人进入云雾山中。"白云回望合"一句更妙，把奇险变换的云雾写神了。

顾恺之画裴楷抓三根毫毛的特色，诗人写春抓住细雨、小草、绿树，写山抓住了云雾的特色，正是"以小景传大景之情"矣。

二、以小见大的美学意味

你到过江南古典园林吗？这是一种刻意追求虚幻空灵的园林建筑，置身其中，你不仅要用五官去品味古典园林的娟秀和婉约，更要用心领悟或想象园林中所特有的诗情画意之美，那种引而不发、显而不露的意趣，往往更加耐人寻味。

中国的古诗创作也常常有这种江南古典园林之风格。

南朝梁代吴均《山中杂诗》：

山际见来烟，竹中窥落日。
鸟向檐上飞，云从窗里出。

四句全是写景，而大的景都是从"山际""竹中""檐上""窗里"看到的，更确切地说是想象、领悟到的，这种写法很像苏州园林中从窗棂中去透视窗外的山水。杜甫诗"窗含西岭千秋雪，门泊东吴万里船"，更是从窗棂看到遥远的雪山西岭，从门口看到万里外的东吴船。窗户、门框犹如画框，景物便同活着的图画，通过有限联想到无限，意趣无穷。

不仅如此，古诗中还有镜中映景、水中倒影等写法来达到特殊的艺术效果。李白《峨眉山月歌》："峨眉山月半轮秋，影入平羌江水流"，映入江水的山影随江水流去，可见山之巍峨绵亘。张先"浮萍断处见山影，小艇归时闻草声"，是说一阵风吹开了水面浮萍，现出了山的倒影，一只小船悠然归来，刺开了水草，可以听到沙沙的响声。"见山影"三个字把静态、动态，风声、水声，全写了出来，真是妙绝。张先是描写影子的高手，其词中有三句写影的名句，故世称为"张三影"。倒影是有限的意象，但读者可以凭借自身的生活经验，去联想倒影以外的画面。

三、用具有典型意义的小事或细节表现重大的社会事件或政治内容中国自古以来是不能对当朝者非议的，否则就是犯上作乱，重者还要处以极刑。所以，文人上谏往往要以讽喻手法，或象征，或咏物婉曲表达，这种习惯大概也影响到诗歌创作吧。

杜牧《江南春》诗：

千里莺啼绿映红，水村山郭酒旗风。
南朝四百八十寺，多少楼台烟雨中。

诗中描写了水乡山城，酒店的布招迎风飘扬，当年南朝皇帝求佛祈能长生不老建造了大量的寺庙，如今在烟雨中还隐现。写的是"寺庙"这样的小事物，抨击的却是大兴土木的那些君王，寺庙还在，那些统治者长生了吗？诗中流露的正是对王朝更替、时代变迁的无限感慨。

他的另一首《赤壁》诗：

折戟沉沙铁未销，自将磨洗认前朝。
东风不与周郎便，铜雀春深锁二乔。

大乔、小乔是东吴两位美女，如果不是东风帮了忙，让周瑜以火攻打败曹操，那么这两位美女被曹操抓到铜雀台禁闭起来，历史将重新改写。二乔命运在历史中是小事，三国之争霸乃大事，诗人正是以小事反映历史的大事件。

还有的诗是借小事件来直接讽喻当朝执政者的。唐代韩翃《寒食》诗："春城无处不飞花，寒食东风御柳斜。日暮汉宫传蜡烛，轻烟散入五侯家。"清明节前一天的寒食节至清明，古代规定是禁火的，即不能烧火煮饭菜。但被汉桓帝所宠爱的"五侯"家却享有特权，这实际上是暗暗有所指。唐肃宗、唐代宗时，宦官专权，势力庞大，类似当年的东汉。韩翃这首诗以寒食点火这样的小事，讽喻的正是当代的社会大事。

花鸟虫草，无疑也是小事物，但在许多咏物诗中往往表现重大内容。

唐代张九龄为人正直，他任宰相，很受唐明皇赏识，遭奸臣李林甫嫉恨。张九龄知道李林甫必不容他，"作《归燕诗》贻林甫曰：海燕虽微眇，乘春亦暂来。岂知泥滓贱，只见玉堂开。绣户时双入，华堂日几回。无心与物竞，鹰隼莫相猜。林甫知其必退，恚怒稍解。"（郑处诲《明皇杂录》）诗中，张九龄把自己比作来自民间低贱的海燕，"暂来"朝堂，希望"鹰隼"不要猜忌伤害。当时朝政大权已落入奸臣手中，张已感无所作为，而要告退，故写此诗，以求自保。

唐朝末年，朝政日益腐败，发生多起农民暴动。黄巢在起义前就曾写有两首诗表示心迹。《题菊花》：

飒飒西风满院栽,蕊寒香冷蝶难来。
他年我若为青帝,报与桃花一处开。

落第秀才黄巢,就自称为"蝶",感叹生不逢时。三、四两句更大胆忤逆当朝,自封青帝。另一首《菊花》诗:

待到秋来九月八,我花开后百花杀。
冲天香阵透长安,满城尽带黄金甲。

这一首更是胆大包天,直说总有一天让长安开遍菊花,香阵冲天,其意是起来造反,夺取政权。"黄金甲"者,起义军也。

应该说这样的写法比直抒胸臆更加形象化,也更加含蓄,却耐人寻味。

刘熙载《艺概·诗概》中说:"以鸟鸣春,以虫鸣秋,此造物之借端托寓也。绝句之小中见大似之。"可见绝句中常用"小中见大"手法的。

## 精炼和炼字

古诗词以其精炼的语言、丰富的想象、真挚的情愫传唱不衰,是中华五千年文明一道靓丽的风景。从《诗三百》,经《楚辞》、汉乐府、魏晋南北朝诗,迄唐诗、宋词、元曲、明清传奇的唱词,其间诗歌创作源远流长,其真挚的情感,感染着一代又一代人,而那优美的辞藻更令后人反复品味、学习。

诗歌的语言要求精炼,叙述可以有跳动,能省去的话就不必说,鉴赏的时候不能用读散文的眼光去读诗。这一点是务必要注意的。

岑参《还高冠潭口留别舍弟》一诗:

昨日山有信,只今耕种时。
遥传杜陵叟,怪我还山迟。

独向潭上酌，无人林下棋。

东溪忆汝处，闲卧对鸬鹚。

读这首诗，我们一定会迷糊，感到前言不搭后语，不知所云。明代钟惺夸张地说："此诗千年来惟作者与谭子知之。"谭子，是明代文学家谭元春，他对岑参此诗作了解释。全诗意思是：昨天山里来信，说现在是春耕时候了。住得很远的长辈杜陵叟怪我迟迟不回家。(以前他和我常一起喝酒下棋，因为我不回家，)所以现在他只能独自去潭上喝酒，去树林里下棋，只在东溪家门外回忆着我，对着溪里的鸬鹚忧闲而无聊地躺着。

没有谭元春批语，大概很多人读不懂。但经过体会，还是可以领悟到这样写很含蓄，不说家里人怪我"还山迟"，却用远处的"杜陵叟"来责怪，最后两句"东溪忆汝处"，是杜陵叟想念我，末句应该说非常想念，可是却说杜陵叟无聊地对着水鸟躺着。为什么独自无聊？因为很想念我。为什么写杜陵叟？实际上是写家里人更想念我。

诗歌在叙述上是跳跃的，句式词序也经常会颠倒，在阅读鉴赏时，这一点也必须注意。

《诗经·桃夭》："桃之夭夭，灼灼其华。"词序应该是"其华（花）灼灼"，主谓倒装，为押韵需要。王之涣《登鹳雀楼》："欲穷千里目，更上一层楼。"词序应该是"目欲穷千里，（我）更上一层楼"，格律平仄需要主谓倒装，而且含义也更耐人寻味。像辛弃疾《西江月·夜行黄沙道中》："七八个星天外，两三点雨山前。旧时茅店社林边，路转溪桥忽见。"词序应该是"路转溪桥忽见，社林边（的），旧时茅店"，词序倒装以后，突出"旧时茅店"，说明这里是诗人以前常来的，很有感情，一个"忽"字，又突出很突然地看见，说明很久没来，几乎忘了这是老相识了。层层意思让人体会，就在词序颠倒中深含着诗人的情思。

语言要精炼，就必须讲究字、词的锤炼，这就是我们常说的炼字。炼字，就是锤炼、琢磨文字，精心挑选最富有表现的文字，把意思表达得准确、鲜明、生动。有人认为语言锤炼达到炉火纯青的地步，那就一个字都不能更动。南朝梁代刘勰说："富于万篇，贫于一字。"（《文心雕龙》）那简直把一个字的价值看得超过万篇文章了。战国末年吕不韦在秦国为相，召文人学士编了部《吕氏春秋》，书成，叫人公布在城墙上，发布号令称只要在书上增减或更动一个字，即赏千金，这个传说就是成语"一字千金"的来历。可见古人把炼字看得很重。

古诗更讲究炼字。"吟安一个字，捻断数茎须"（卢延让《苦吟》），"吟成五字句，用破一生心"（方干《贻钱塘县路明府》），"二句三年得，一吟双泪流"（贾岛《题诗后》）……古人讲究炼字、求佳句的说法确实夸张，而杜甫更"古怪"到"为人性僻耽佳句，语不惊人死不休"（《江上值水如海势，聊短述》）的地步。也许正是由于这种"苦吟"的"耽佳句"的追求,才使得中国的古典诗歌具有独特的魅力。

那么,怎样"炼字"呢?

有人对炼字,误解为刻意雕琢、妄加修辞,或刻意找僻字、难字、雅字。其实不然。清代顾文炜说:"为求一字稳,耐得半宵寒。"(袁枚《随园诗话》引《苦吟》诗)"稳",就是炼字的宗旨。其实正如老舍所说:"字没有高低贵贱之分,全看用的恰当与否。连着用几个'伟大',并不足使文章伟大。一个很俗的字,正如一个很雅的字,用在恰当的地方便起好作用。"(《学生腔》)

"一",这个字极普通,运用恰当却能起到极妙效果。《水浒传》第二十三回写景阳冈武松打虎,从老虎跳出,到武松把虎打死,总共六百四十多字,作家竟用了三十个"一"字。例如,写虎的动作为,"一按""一扑""一掀""一剪""一兜",写人的动作是,"一惊""一闪""一躲""一棒""一跳",把虎的凶猛,武松的惊醒、矫健、勇猛,表现得活灵活现。而且用"一"字组词,语句短促,加强急迫感,令读者读来也止不住冷汗一身。

再请看清代纳兰性德的《长相思》:

山一程,水一程,身向榆关那畔行,夜深千帐灯。　风一更,雪一更,聒碎乡心梦不成,故园无此声。

四个"一"字,用得多妙。"山一程,水一程",即一道道山来一道道水,山长水远也。"风一更,雪一更",即整个夜晚风雪交加也。路途遥远,艰难困苦,风雪交加,环境恶劣,由这四个"一"字叠加而写出,含蓄表达了诗人孤寂凄凉的思乡之情和对从军生涯的厌恶。"一"字的用法,正体现出平平常常的字,也能炼出深意。

"为求一字稳",关键在字的含义确切。陶渊明"采菊东篱下,悠然见南山",不仅把采菊时"无意望山,适举首而见之"(晁补之《鸡肋集》)的情景写出,而且还表现了诗人闲逸自得、悠然忘怀的神情。如果用"望""看""瞧""视"等字显然都不行。

有一段趣话,说皎然以诗名著称于唐,有一天一个和尚拿写的《御沟诗》来请教。诗中有"此波涵帝泽"一句,皎然读后说:"'波'字不好。"和尚闻说,怏怏不乐地走了。皎然笑道:"这人还很会写诗,过后会再来找我。"并在自己手心中暗暗写了个"中"字。果然,不一会儿,那和尚回来,说要把"波"字改为"中"字,皎然伸起手心给他看,两人相视大笑。御河里的水不会起波浪,所以写"此波",当然不确切。

"为求一字稳",还表现在同一个字在不同的语言环境中有不同的含义,显现不同的情趣。如"闹"字。"门巷不教当要闹,诗篇转觉足工夫。"(张籍《寄元员外》)这里"闹"指街市热闹。"一川丰年意,比屋闹鸡犬。"(范成大《寒亭》)此"闹"指鸡犬闹腾。而宋祁《玉楼春》中"绿杨烟外晓寒轻,红杏枝头春意闹"的"闹"字,用比拟手法,写出杏花盛开的美景,又表达春意如孩子般嬉闹,含蓄地流露了诗人喜悦、欢乐的心情。

关于炼字的逸闻实在不少。相传苏东坡有位妹妹是个才女。有一天苏小妹和苏东坡、黄山谷一起论诗。苏小妹出题说:"'轻风细柳,淡月梅花',这两句的每句中间加一个字,可以成为五言联句。如何加?"

苏东坡略思考,即答:"轻风摇细柳,淡月映梅花。"

黄山谷吟道:"轻风舞细柳,淡月隐梅花。"

苏小妹评论道,兄长的"摇""映"确实写出了柳的动态和月色的皎洁,但山谷公的"舞""隐"更佳。"舞"字模仿人的动作,十分形象;"隐"字夸张地写出月色的皎洁。那么,苏小妹怎么加呢?她填的是:"轻风扶细柳,淡月失梅花。"苏东坡、黄山谷听后,抚掌赞叹:"妙绝!"

妙在何处?因为"扶"字更拟人化地写出了风的轻微、柳条的纤弱,两者亲昵偎依;"失"字更突出月光的明亮,和梅花融为一体。

炼字使诗歌更精炼,但精炼并非一味求简,或一味地让语言跳跃、省略,反而令人费解。

据说清朝时江苏吴县有这么个人,肚中无文采却自诩风雅。他靠大哥帮忙,花钱买了个官。一天,他坐大哥的商船去浙江赴任,在船上摇头晃脑吟了一首诗:

> 我本苏吴百，多兄挂官纳。
> 船向浙头航，货从阊店发。
> 肉头插金针，况妻玉簪假。
> 哪堪两三个，衣单逢天刮。

众人对此诗茫然不解，他却洋洋得意地解释道："我本来是苏州吴县的一个老百姓，多亏兄长帮忙花钱纳了个挂名的官。今天船朝浙江那头驶去，船上的货从苏州阊门的店里发出。我的内人（妻子）头上插着金针，而二兄的妻子头上的玉簪却是假的。看看那里坐的两三个侄子，衣服穿得很单薄，偏偏又逢天刮大风。"接着又吹嘘："古人曰'文贵简'，诗中的'肉'即'内人'二字合写，'况'乃'二兄'两字合写。"

这位又蠢又酸的假文人，就是如此"炼字"的。

综上所述，古人作诗讲究炼字，炼字是为了更准确地达意，准确地传递思想感情，而且还具有言有尽意无穷的效果，从而引发读者的联想，去体会弦外之音、象外之旨。锤炼后的字或句子，往往就是后人所称道的"诗眼"。

关于"诗眼"，我们此前另有文章专题讨论过。

# 如何把情感化为物质

## ——化虚为实 形象生动

不少电影导演不愿意拍电视剧，因为电影和电视相比，有不少差距。德国电影理论家齐格弗里德·克拉考尔说，电影是"物质现实的复原"。即使是表现抽象思维、刻画主观心理，也不能靠旁白、靠对话、靠字幕，而要在每一个镜头中，由与其思维对应的具体形象来表现。美国电影《拯救大兵瑞恩》开头就是长达二十五分钟的诺曼底登陆的场景，没有任何对白，没有主角、配角。震耳欲聋的炮火声，不断倒下的身躯，炸断的胳膊大腿，人的生命犹如风中残烛，瞬间熄灭。这样开场实在让人窒息，看到年轻的生命在人类自己所制造的悲剧中辗转呻吟，骇人的残酷会直逼观众的心脏和灵魂——战争是何等残酷，人类要祈求和平。这就是二十五分钟花了几千万美元拍摄的"真实场景"要表达的理念,这是用金钱堆砌的表现手法,在电视剧拍摄中是不可能做到的。

然而,在中国古诗中,化虚为实、形象生动是必须做到的。

化虚为实、以实寓虚,从而使描写更加形象生动,这是中国古诗的一大诗法。所谓"虚"是指看不见摸不着的思想感情、心理状态,等等。"实"就是具体的景物、物象。化虚为实就是把无形的情感用有形的景物、物象来表现,即以实寓虚、心境物化。我们所说的"景中寓情,情景交融",实际上也就是化虚为实的一个方面,景就是"实",情就是"虚"。不过,诗人在"情景交融"中,他写的那个"景",又往往不是纯粹的实在的外界景物,而已经注入了诗人的"情"。

这里应该强调,在化虚为实的描写中,往往离不开某种修辞手法的运用(如比喻、比拟、借代、夸张,等等),所以,我们在鉴赏时,只要看懂某种修辞手法表达了什么含义,就不难理解诗的主旨、情感了。

下面分别具体介绍。

一、"有我之境"和"无我之境"

这是近代评论家王国维在《人间词话》中提出的。

"有我之境"是诗人当时心情比较激动,把自己的情感硬加到景物上去;是缘情写景,"物皆着我之色彩",所描写的景物都浸染了诗人自己浓重的感情色彩。

> 庭院深深深几许？杨柳堆烟，帘幕无重数。玉勒雕鞍游冶处，楼高不见章台路。　雨横风狂三月暮。门掩黄昏，无计留春住。泪眼问花花不语，乱红飞过秋千去。

这首欧阳修的《蝶恋花》，描写女子思念在外的游子，登上高楼看不见远去的人。暮春三月，黄昏时分，悲苦伶仃，"泪眼问花"，只见乱花飘零。拟人手法，把花人格化了。凄苦之情，从中可见。这里的"花"完全加入了"我"的感情，即为"有我之境"。

> 雾失楼台，月迷津渡，桃源望断无寻处。可堪孤馆闭春寒，杜鹃声里斜阳暮。　驿寄梅花，鱼传尺素，砌成此恨无重数。郴江幸自绕郴山，为谁流下潇湘去？
>
> （秦观《踏莎行》）

这首词是写诗人遭到贬谪，内心悲凉愁苦至极。但字面上这种情并不直写，而是移到了景物上去。景是孤寂悲苦的，再加上杜鹃声声，更是凄凉。"孤馆闭春寒"，房间并不寒冷,冷是诗人的感觉。杜甫在描写安史之乱的景况时说:"国破山河在,城春草木深。感时花溅泪,恨别鸟惊心。""花"不会掉泪,"鸟"也不会惊心动魄,这里都是用拟人手法,把诗人感情移到外界景物上去了。

"晓来谁染霜林醉,总是离人泪。"(王实甫《西厢记》)秋天枫林,景色优美。可是崔莺莺小姐要和张生离别了,所以她眼里的枫林"醉"了,流出的是血泪。可见,"有我之境"的"实"(景物)也是被"虚"(情感)浸染的。

"无我之境"实际上就是由景生情,触景生情,人的感情是由外物引起的。陶渊明"采菊东篱下,悠然见南山",看到"山气日夕佳,飞鸟相与还",这美丽的晚霞映衬下飞鸟归家的情景不就是他归隐后恬适的心情吗?

杜牧《山行》:"远上寒山石径斜,白云生处有人家。停车坐爱枫林晚,霜叶红于二月花。"这也是触景生情,高山之上,白云缭绕,满山枫叶,鲜艳火红。这种景色,显现的是诗人豪爽、高昂、旷远的胸怀。

总之,诗人的感情是由景触发的,但这个景色本身又包含、寄寓着"情",即"实"和"虚"交融在一起,所以王国维说:"故不知何者为我,何者为物。"物我两忘,物我合一矣!

二、心境物化,情感物化

人的思想感情(喜、怒、哀、乐、忧、愁、怨、恨等)

是客观物质世界在人的大脑里的反映,是种意觉,无法直接作用在视觉、听觉、嗅觉、味觉、触觉上,但是我们在日常生活语言中,往往会把无形的意觉、心理加以物质化,即心境物化、情感物化。

举例来说,许多表达人物情感的词语,往往去描写人的神态动作,从动作上体现情感。如,咬牙切齿(恨),紧锁双眉(愁),捶胸顿足(痛苦),鼓髀而乐(欢笑),弹冠相庆(欢庆),摇头晃脑(得意)……还有的时候,我们会把抽象的、无形的心理活动给予物质化、具体化。如:结怨、抱怨、分忧、积忧、添愁、解愁、饮恨、消恨,等等。这种说法就是心境物化、情感物化了。可以看出,这些说法都运用了比拟的修辞手法,即把"怨、忧、愁、恨"等心理活动比拟作可以分割、解除、消除的物件了。

比拟手法有拟人(事、物拟作人)、拟物(人拟作动物、事物),还有种此物拟作他物。心境物化,就是把抽象的情感拟作具体的物质。再加上比喻、借代、夸张等其他修辞手法的应用,化虚为实,古诗的描绘就格外形象生动了。

风住尘香花已尽,日晚倦梳头。物是人非事事休,欲语泪先流。 闻说双溪春尚好,也拟泛轻舟。只恐双溪舴艋舟,载不动、许多愁。

(李清照《武陵春》)

晚年的李清照随南宋朝廷南渡,避乱于金华,国破家亡,内心悲悲惨惨,凄凄切切,这种情感在词上阕的"倦梳头""泪先流"等神态描写中已体现出来。下阕中"闻说""也拟"是内心活动,和最后两句形成对比,想去游春,却恐"愁"太重,分量太重,船装不动啊!"载不动许多愁",结尾一句,以夸张和比拟化虚为实,深沉强烈,余韵无尽。

> 凌波不过横塘路,但目送,芳尘去。锦瑟年华谁与度?月桥花院,琐窗朱户,只有春知处。　飞云冉冉蘅皋暮,彩笔新题断肠句。若问闲情都几许?一川烟草,满城风絮,梅子黄时雨!
>
> （贺铸《青玉案》）

北宋诗人贺方回最负盛名的词,就是这一首。说来好笑,据说这是贺铸退隐苏州看见一位美女后作的。此女郎飘然而去（"但目送,芳尘去"）,令贺铸怅然若失,于是想象中能与她共度"锦瑟年华",结果是痴情一片,诗人自问烦恼有多少（"闲情都几许"）,然后自己回答,连用三个比喻：像满地青草、满城柳絮、满天淅沥不断的黄梅雨。另外,黄梅天的烟草、飞絮、细雨那种蒙眬的氛围又渲染了缠绵的愁情。

古诗中表现愁绪的篇章很多,所以,愁完全比拟或比喻成各种物体了。李后主"问君能有几多愁,恰似一江春水向东流",秦少游"飞红万点愁如海"(《千秋岁》),这里的愁喻成了江和海。还有的把愁拟作可以计量的东西:"谁知一寸心,乃有万斛愁。"(庾信《愁赋》)可以装载的:"明夜扁舟去,和月载离愁。"(辛弃疾《水调歌头》)可以剪,可以割的:"剪不断,理还乱,是离愁。""一条灞水清如剑,不为离人割断愁。"(沈彬《都门送别》)可以洗涤的:"一曲清歌一杯酒,为君洗尽古今愁。"(刘秉忠《劝友人酒》)可以流动的:"便做春江都是泪,流不尽许多愁。"(秦观《江城子》)

更为有趣的是,一代一代的诗人不断有新的创造。上面举例,李清照把"愁"搬上了船("载不动许多愁");到了董解元《西厢记》:"休问离愁轻重,向个马儿上驮也驮不动",愁已从船上卸下,装上马背;王实甫《西厢记》:"遍人间烦恼填胸臆,量这些大小车儿如何载得起",愁已经装在车上了。

范晞文在《对床夜语》中引周弼《四虚序》说:"不以虚为虚,而以实为虚,化景物为情思,从首至尾自然,如行云流水,此其难也。"他例举了周弼选用的诗句"岭猿同旦暮,江柳共风烟"(刘长卿《新年作》)和"猿声知后夜,花发见流年"(刘长卿《喜鲍禅师自龙山至》)。这四句的意思分别是:每天早晚和我一同作伴的只有山中猿猴,和我共同领略江上风光烟雾的只有江边柳树;每晚醒来听到猿声才知道是后半夜了，每次看到花开了才知道又一年春天到了。这四句好在哪里呢？好在化虚为实，具体形象地以"同""共""知""见"四个动词写出了孤单地生活在深山中的人寂寞凄苦的心情。

类似例子举不胜举。蒋捷《虞美人·听雨》：

少年听雨歌楼上，红烛昏罗帐。壮年听雨客舟中，江阔云低断雁叫西风。　而今听雨僧庐下，鬓已星星也。悲欢离合总无情，一任阶前点滴到天明。

人生三个阶段，不同心境以不同的物象表现。少年得意时，歌楼、红烛、罗帐；壮年失意时，客舟、云低、断雁、西风；晚年无奈时，僧庐、一任雨水点滴。化虚为实，以实寓虚也。

三、多种修辞手法的应用

如前所说，比喻、比拟等修辞手法的应用，在化虚为实中起到了很大的作用。下面再举些夸张、用典等手法的应用。

露湿晴花春殿香，月明歌吹在昭阳。
似将海水添宫漏，共滴长门一夜长。

(李益《宫怨》)

诗中写一个被帝王冷落的妃子，在春天月夜里闻到宫里飘来的花香，听到受宠的妃子在昭阳宫寻欢作乐的乐声，想到自己失宠的处境，深感长夜难熬，孤苦凄凉。后两句正是以有形的物象来写，将海水加入"滴漏"（古代计时的器具），时间就漫长无期。生动的夸张加强了艺术感染力。

对于时间的感受，常常和人本身的处境、心情密切相关。这种感受，如果直说便索然乏味。古诗中常以羲和驾日的神话典故，有时还以夸张手法表达自己的各种情感、旨意。"年岁晚暮日已斜，安得壮士翻日车"（李尤《九曲歌》），感叹年岁已老，要壮士翻车，留住时光。"既无长绳系白日，又无大药驻朱颜"（白居易《浩歌行》），感叹时光流逝，自己年岁已老。"长绳难系日，自古共悲辛"（李白《拟古》），感叹自己功业未成，要留住岁月。"难觅长绳縻日住，且凭羯鼓唤花开"（陆游《芳华楼夜饮》），外族入侵，自己却报国无门，感喟不已。中国古代有许多神奇的传说和幻想，如日鸟、月兔、羲和驾日、鲁阳挥戈，等等。这些幻想融入诗中，增添了神奇色彩。

## 修辞手法的魅力

生动、形象是文学艺术创作生命力所在。为了做到生动形象，创作者往往也赋予世间万物以生命力。李白诗《劳劳亭》："天下伤心处，劳劳送客亭。春风知别苦，不遣柳条青。"因为古人别离，挥着柳条，以柳寓"留"住离别之人，柳条不青，可以不离别了。又《大堤曲》："春风复无情，吹我梦魂散。不见眼中人，天长音信断。"在李白笔下，春风俨然如人，既有情，又无情。不仅如此，风还是有颜色的呢！"晚风的黑翅膀带了微细的火星飞去"（季洛姆《杰瑞美的明灯》），暴风雪"用白色的翅膀掩盖住丘陵"（高尔基《马特维·克日米亚金的一生》）。风，又是黑的，又是白的，其实都是作者的臆想，是创作者用具体性即形象化的语言，借用各种修辞手法加以表达罢了。中外作家异曲同工，表现手法多样。

比，是一种很重要的表现手段。亚里士多德《诗学》说："比喻是天才的标识。"刘勰《文心雕龙》说："夫比之为义，取类不常：或喻于声……或譬于事。"而按现代修辞学说，古人说的"比"，实际是指比喻和比拟两类。

比喻有明喻，如"水流无限似侬愁"（刘禹锡《竹枝词九首》），"问君能有几多愁，恰似一江春水向东流"；有暗喻，如"旧恨春江流不尽，新恨云山千叠"（辛弃疾《念奴娇》），这里"恨"就是春江水、千叠云；有借喻，如"缲成白雪桑重绿，割尽黄云稻正青"（王安石《木末》），这里白雪喻丝，黄云喻麦。

比喻有本体和喻体，我们在阅读鉴赏时，尤其在高考应试答题时，一定要说清"本体"（本来的事物）是什么，喻体（作比喻的事物）用以说明什么。白居易《长恨歌》中描写杨贵妃怨恨痛苦"玉容寂寞泪阑干，梨花一枝春带雨"，用梨花比杨贵妃容颜，以雨比她的泪水，两个比喻融为一体，形象而新奇。

下面再举例加以说明。

　　白发三千丈，缘愁似个长。
　　不知明镜里，何处得秋霜。

（李白《秋浦歌》）

白发长达三千丈，因为忧愁就像这样长，照照镜子，哪里会来了这一头的秋霜？秋霜就是白发，明明知道，却又不敢承认。夸张、比喻的手法，却把人生的坎坷、挫折、磨难全部概括了。

别来春半，触目愁肠断。砌下落梅如雪乱，拂了一身还满。　雁来音信无凭，路遥归梦难成。离恨恰如春草，更行更远还生。

（李煜《清平乐》）

李煜的词多以比喻，描写这位亡国君王内心无比的愁与恨。这首《清平乐》上片就是写自己在台阶前伫立，看到梅花如雪片一样乱纷纷地落下。下片写自己的恨，那种恨是动的活的，像春草一样，你越走越远，它却跟着你一直生长。杜牧在诗中写过"恨如春草多"（《题安州浮云寺寄湘川张郎中》），是静态比喻，李煜却说"更行更远还生"，是动态比喻。两者都将离愁别恨形象、传神地描绘在了纸面上。

除了比喻，还有比拟。比拟有拟人、拟物、此物拟他物三种。比拟是用人或事的神态、动作拟作事或物，"像什么"不说出来。如"春天笑着、跑着来了"，这是拟人。"像什么"说明了，这就是比喻了，如"春天像花枝招展的姑娘"。现在有人把比喻和比拟混为一谈，实在误人子弟。

李白《古风》(其四十七) 诗:

　　桃花开东园,含笑夸白日。
　　偶蒙春风荣,生此艳阳质。
　　岂无佳人色? 但恐花不实。
　　宛转龙火飞,零落早相失。
　　讵知南山松,独立自萧瑟!

　　桃花含笑夸耀,拟人也。全诗把桃花和南山松树对比,松树四季长春,桃花得志一时。松与花指什么呢? 可以指君子和小人,也可以指高尚的情操和低级的趣味,这是一种象征,也非常含蓄,而非明确的比喻。
　　李白《独坐敬亭山》:

　　众鸟高飞尽,孤云独去闲。
　　相看两不厌,只有敬亭山。

　　诗中把云和山都拟人化了。尤其是敬亭山,只有它理解李白怀才不遇、抑郁愤懑、孤独寂寞的心情。
　　还有一种比拟,许多人疏忽了。"无情汴水自东流,只载一船离恨向西州。"(苏轼《虞美人》)"只恐双溪舴艋舟,载不动许多愁。"句中的"恨""愁"都是人物心理。现拟作有分量的物体,是此物比拟作他物。

　　拟人手法分析在语文高考全国试卷中出现过。宋祁的《玉楼春》诗,其中两句:"绿杨烟外晓寒轻,红杏枝头春意闹。""闹"字妙在何处?王国维在《人间词话》中评曰:"著一'闹'字,而境界全出。"拟人手法,形容红杏的众多和纷繁,有色而且有声,点染出了大好春光。据说由此名句也引出一段名人趣事。当时宋祁任尚书,欲拜见名噪一时的张先,命仆人在外喊道:"尚书欲见'云破月来花弄影'郎中。"张先听后在屏后呼曰:"得非'红杏枝头春意闹'尚书邪?"出来相见后,两人相谈甚欢。

　　其实"晓寒轻"也是用了非常出色的比拟手法。"寒"暖是人的触觉所感,而"轻"重是表示物体的重量,把气候拟作物体,是典型的以此物拟他物的比拟手法,形象写出春天的景象。而"春意闹"的"闹"字,还用了通感手法,由视觉"通"出听觉。

　　通感,就是在文字描写中,让人体五种感觉(视、听、味、嗅、触)相通。在人们日常生活的口语中,通感手法是经常应用的。如:冷笑、臭美、红人、黑帮、响当当的好汉、甜言、蜜语、高低音、细声细气,等等。中国古诗中也早运用了这种手法,"依微香雨青氛氲"(李贺《四月》),"雨香云淡觉微和"(元稹《和乐天早春见寄》),"云气香流水"(卢象《家叔徵君东溪草堂》),"瑶台雪花数千点,片片吹落春风香"（李白《酬殷明佐见赠五云裘歌》）……雨、云、雪，是视觉体会，居然可以嗅到香，感官相通。但是这种修辞手法，一直没有从理论上归纳，至陈望道先生《修辞学发凡》一书，也未列入条目阐述。一九六一年第一期《文学评论》发表钱钟书先生《通感》一文，在专题研究后，钱先生列举大量诗例，归纳曰："五官的感觉简直是有无相通，彼此相生。"并定此类手法为：通感。

通感，往往和作者的想象有关。雨、云、雪本身决无香味，联想而产生罢了。杜甫《月夜》"香雾云鬟湿，清辉玉臂寒"，雾无香味，因思念妻子，由她身上香味联想到雾香，从而更加深表达思念的深切。

还有一类，对于一些无形的、很难用具体的、准确的语言加以描写的事物，例如声音，是属于听觉的，看不见、摸不着，创作者往往要靠通感，将它描写成视觉形象，从而更加形象、具体。古诗中对于音乐的描写，就是大量运用通感手法。

白居易《琵琶行》："大弦嘈嘈如急雨，小弦切切如私语。嘈嘈切切错杂弹，大珠小珠落玉盘。间关莺语花底滑，幽咽泉流冰下难。"这段可谓通感手法中的千古绝唱。"银瓶乍破水浆迸，铁骑突出刀枪鸣。"这更是以具体形象的视觉和听觉相通了。

古诗中通感的范例，举不胜举。"声音不但会有气味

——'哀响馥''鸟声香',而且会有颜色、光亮——'红声''笑语绿''鸡声白''鸟话红''声皆绿''鼓(声)暗'。'香'不但能'闹',而且能'劲'。流云'学声',绿阴'生静'。花色和竹声都可以有温度:'热''欲燃''焦'。鸟语有时快利如'剪',有时圆润如'丸'。"(钱钟书《通感》)这一切都是联想活动、创作活动、欣赏活动的心理反应,是形象思维的必然结果。这就是通感。

各类修辞手法的综合运用,在古诗中是常见的,阅读鉴赏就应该加以明辨,并理解其表现的内涵、主旨和思想情感。

李白的《望庐山瀑布》一诗鉴赏,上海高考卷有一年以此为考题。"日照香炉生紫烟",日光映照,紫烟缭绕,渲染、衬托香炉峰之高。"遥看瀑布挂前川","挂",以静写动,飞瀑如白布"挂"着,其湍急可见。"飞流直下三千尺",夸张至极。"疑是银河落九天",形象比喻。一系列的形象描绘,表达了诗人对祖国壮丽山河热爱之情。

诗中"三千尺"是夸张,如果说"三百尺",就是吹牛了。正如李白诗"燕山雪花大如席"(《北风行》)是夸张,如果说"大如盆",又是吹牛了。为何呢?道理在于,夸张必须失真,又不能失真。夸张不失真,是可以理解的,因为夸张必须有现实依据,说"岭南雪花大如席",明显不真实。《诗话总龟》记载,宋朝有人写《咏竹》诗,有"叶垂千口剑,干耸万条枪",形容枝干挺立,竹叶茂盛,似是夸张。

苏东坡却笑道，好则极好，只是十条竹竿一个叶儿也。即笑失真了。杜甫《古柏行》诗云："霜皮溜雨四十围，黛色参天二千尺。"这两句诗，自宋以来，争论不休。宋代沈括嘲笑这个柏树"无乃太细长乎？""此亦文章之病也"（《梦溪笔谈》）。宋代范镇《东斋记事》中也认为古柏"今才十丈，古之诗人，好大其事，率如此也"。

两人都从科学真实否定杜甫的诗，其实也错了。艺术夸张不能和现实一样，必须"失真"。

夸张必须失真，不能使人误会客观上果有其事，而应能使人领悟是创作者主观的感情态度。写柏树"二千尺"之高，是渲染、赞颂诸葛亮的伟岸。而李白"燕山雪花大如席，片片吹落轩辕台"（《北风行》）是描写幽州思妇深切怀念在战争中阵亡的丈夫，极言雪大严寒，正是为了烘托这种悲痛凄凉的心情。可见，艺术夸张必须极而言之，必须几十倍，乃至千万倍地夸大或缩小，使读者从失真中求真，从不可信中领悟。

古诗创作中，修辞手法往往是综合运用的。"君不见高堂明镜悲白发，朝如青丝暮成雪"（李白《将进酒》）是夸张手法，而"青丝"和"雪"，是比喻，又是对比。"遥望齐州九点烟，一泓海水杯中泻"（李贺《梦天》），诗人大概坐在宇宙飞船上向下看，华夏九州如九个小点，海水如杯水，比喻中又包含极大夸张。

又如，"沉舟侧畔千帆过，病树前头万木春"（刘禹锡《酬乐天扬州初逢席上见赠》），"朱门酒肉臭，路有冻死骨"是用了对比手法，而"千帆""朱门""骨"又都是借代手法。借代手法在古诗创作中也是经常运用的。李清照《如梦令》词："知否，知否，应是绿肥红瘦。""绿"借代海棠叶，"红"借代海棠花。一夜"雨疏风骤"，花被狂风吹落，叶在雨水飘洒下更显肥壮。她的《声声慢》词："梧桐更兼细雨，到黄昏、点点滴滴。这次第，怎一个愁字了得！"梧桐，是借代梧桐枯叶在秋风中飘落，秋雨绵绵，更显凄凉气氛。"愁字"也不是指文字，而是借代愁苦的心情，表现了南渡之后，晚年的易安居士家破国亡的痛苦之情。

下面再来分析文天祥的名篇《过零丁洋》：

辛苦遭逢起一经，干戈寥落四周星。
山河破碎风飘絮，身世浮沉雨打萍。
惶恐滩头说惶恐，零丁洋里叹零丁。
人生自古谁无死？留取丹心照汗青。

元兵入侵后，南宋朝廷已摇摇欲坠。文天祥抗元救国的斗争也屡遭挫折，多次兵败，但他壮心不已，甘愿为祖国和民族奉献一切，乃至生命。首联"一经"指一部经书，借代从小接受的爱国主义教育，"干戈"借代战争、战乱，"四周星"借代四个年头。"风飘絮""雨打萍",形象比喻国家破碎,自己动荡不定。颈联两句实写自己兵败于江西,实际上也是借代自己想力挽狂澜,但受投降派阻挠,孤立无援,胜利无望。最后两句,以"丹心"借代不屈的精神,以"汗青"借代"历史",表明自己誓死不屈、忠于祖国的决心。可以说,没有这多种修辞手法的运用,诗句就不能如此形象、感人。

总之,古人写诗,都能巧于修辞,善于描写,富于联想,因而能收到含蓄不尽的艺术效果。尽管"比喻、比拟、夸张"等手法的名称是今人归纳总结的,但古人早已在创作中具体运用,并散发了无穷的艺术魅力。

# "血肉长城"英文如何翻译？

## ——谈古诗的含蓄

据报上消息，在上海市紧缺人才培训的一次高级口译考试中，考生把"血肉长城"英译为"the long wall of blood and meat"，显然，译者不知道长城的专用名词，还竟然出现猪肉的单词，于是专家们慨叹，"实在有些悲哀！"更有甚者，有人把"富贵不能淫"译成"be rich, but not sexy"（要富有，不要性感）。类似笑话还有不少，不一一赘述。

我英语不行，无法对英译作任何评判。不过，据我看来，即使那位考生知道"长城"的专有名词，"血肉长城"四个汉字也未必能妥帖地译成英文，因为汉语，尤其是古汉语，许多词句都运用了修辞手法，而十分含蓄地表达意思。特别是中国的古典诗词，要译成外文，直译不行，要译出内含的意思确是十分困难。以李白的《劳劳亭》为例：

> 天下伤心处，劳劳送客亭。
> 春风知别苦，不遣柳条青。

劳劳亭是古代驿道旁的送客亭，朋友远离未免伤感。第一、二句译成外文，别人能理解。后两句就不行了。为什么不要让杨柳条变青呢？因为古代送客多有折柳赠别的习惯，柳和"留"为谐音，折柳赠别表示挽留。如果春风知道离别之人的愁苦，那就不应该吹拂柳条，让它发青，言下之意，柳条不青，我们也不必折柳送别了。迁怨春风，正是含蓄表达离别之苦。上述这一段意思如果全部译成外文，那还成诗歌吗？李白有知，恐怕也要痛斥我们"实在有些悲哀"了。

确实，在漫长的创作进程中，中国古典诗词形成了一种以含蓄见长的特色，这种特色融入了诗体的血脉，而给读者以隽永的回味。在古代诗词评论中，也把是否含蓄作为品位高低的重要标准。唐代司空图《诗品》中专列《含蓄》一节，提出写诗应"不着一字，尽得风流"。清代吴乔《围炉诗话》中说："诗贵有含蓄不尽之意，尤以不着意见声色故事议论者为最上。"这两位的意思就是，创作者的主旨、情感在诗的字面上最好"不着一字""不着意见"，不能叫人一眼见底。道理很简单，深沉比浅薄要好得多，沉痛比呼天抢地更感人，愤懑比暴怒更显得威严，喜在眉宇比嘴上乱叫好更显出内心的欢悦，心心相印比拥抱着狂吻爱得更真挚。

柳永《蝶恋花》：

伫倚危栏风细细。望极春愁，黯黯生天际。草色烟光残照里，无言谁会凭栏意。　拟把疏狂图一醉。对酒当歌，强乐还无味。衣带渐宽终不悔，为伊消得人憔悴。

这是首千年以来恋情的杰作。漂泊异乡的孤寂落寞与思念恋人的缠绵悱恻交织在一起：在和风吹拂的春天，诗人独伫高楼凭栏远眺，夕阳残照，草色迷离，烟云蒙眬，此情此意，无人领悟；下阕笔锋一转，要对酒当歌、及时行乐了，但却"强乐还无味"。应该说，写到这里，处处未着一个"愁"却处处扣住一个"愁"字。而末尾两句更是写尽对恋人的思念之情，为了心中的"她"思念得"人憔悴"，忧思使人消瘦，消瘦使得腰带松缓，浪子柳永则表明"衣带渐宽终不悔"，这种无怨无悔、坚贞不渝的爱情亦可谓千古绝唱了！

用衣带宽松说明人消瘦而含蓄地显现忧思，古诗中例子不胜枚举。"离家日趋远，衣带日趋缓。""相去日已远，衣带日已缓。""绮罗日减带，桃李无颜色。思君君未归，归来岂相识。""荡子十年别，罗衣双带长。"这里前两例表现思念家乡，后两例则表现思念夫君，不过和柳永的词句相比，又逊色一筹了。清代诗评家王又华在《古今词论》中说："小词以含蓄为佳，亦有作决绝语而妙者，如韦庄'谁家年少足风流，妾拟将身嫁与，一生休。纵被无情弃，不能羞'之类是也。牛峤'须作一身拼，尽君今日欢'，抑亦其次。柳耆卿'衣带渐宽终不悔，为伊消得人憔悴'，亦即韦意而气加婉矣。"王又华把韦庄、牛峤和柳永三个人的诗句作比较，认为柳永的含蓄手法是和韦庄同一意境，但更加哀婉，而牛峤"其次"。可见，越含蓄婉转越能打动人。这里又要回到外文翻译的问题上了，如果把柳永的诗句直译成：穿的衣服一天天宽大起来了，为了"她"我一天天消瘦了。那外国人能看懂吗？也许还会惊呼，肯定生病了，快去就医。如果不直译，该如何用外国文字表达呢？

其实，上述引文中韦庄和柳永的词同属含蓄，表现手法却不尽相同。韦庄的词是写一个女子自由：只要有个值得自己爱的风流少年，就决心嫁给他，即使将来被抛弃，也无羞无悔。这种写法，如王又华所述是"作决绝语"，就是为了表达极度的感情而把话说绝，从而加强诗的感情色彩。有的诗歌中甚至把话说绝到超越实际，用根本不可能存在的事物来反衬那种极度的情感和状态。

汉乐府《上邪》中就描写一个女子对自己意中人表白爱

情说：老天哪，我想要和你相爱啊，一生一世都不断绝。除非高山无峰化成平地，长江的水枯竭了，冬天雷声阵阵，夏天下大雪，天和地合在一起了，我才会和你断绝啊！看起来，汉朝的这位小姐对爱情的忠贞不渝比风流才子柳永，是有过之而无不及。这种极度的夸张蕴含的深情具有更强的冲击力，所以在后人的诗词中也往往被沿用。敦煌曲子词《菩萨蛮》中写相爱的人发誓，如要分离除非"且待青山烂""水面上秤锤浮""黄河彻底枯"，白天参辰星出现，北斗星朝南指，三更半夜"见日头"，用的也是这种超越实际的夸张手法。就是现代的流行歌曲中也常常喜欢用这样的表现手法，"我爱你，爱得死去活来"，死去无法再爱，因为有爱而又活过来，够夸张了，不过在文采上与古典诗词相比，粗俗。

现在再回过头来说柳永的《蝶恋花》。柳词的手法是用具体的事物或者因情感而引起事物的变化来含蓄表达情感的，这种以物寓情的方式，读者需要思索以后，才能悟出它的本意，从而觉得隽永有味。在这类作品中，李商隐的诗是很有代表性的。

对于李商隐诗作，尤其是他的《无题》诗，历来注释，争议很大，大概是这位玉谿生在写作手法上含得太沉、蓄得太深的缘故吧。打个不贴切的比方，读李商隐的诗有点像听十九世纪法国印象主义大师德彪西（1862—1918年）的音乐。在他们的作品中，我们可以看到灰中带白的云彩，在流云和阳光下闪闪发光的波浪，天鹅绒般柔软的夜，东风飒飒的透明的月色，旷野的秋风和茫茫的湖泽荒野，当然，在李商隐笔下，还有烛影摇曳的梦幻人生。总之，两位都是描绘神秘、寂静和无限的大师。但是，透过神秘，我们依然可以窥视其主旨和情感。以历来最负盛名而又最难解释的诗《锦瑟》为例：

> 锦瑟无端五十弦，一弦一柱思华年。
> 庄生晓梦迷蝴蝶，望帝春心托杜鹃。
> 沧海月明珠有泪，蓝田日暖玉生烟。
> 此情可待成追忆，只是当时已惘然。

瑟，是古代乐器。诗的首句就责怪锦瑟无缘无故有这么多弦。"一弦一柱"就是一个个音节，第二句说，听到这么繁复的一个个音节就令人想起当年繁华的往事。颔联借用"庄生梦蝶""杜宇化鹃"的典故，是表明失去的年华虽然美好，却如梦境一般地虚渺，而无限的悲戚、难言的怨恨，就像当年国亡身死的蜀君杜宇化身为杜鹃，只有啼春倾诉。诗的颈联，异峰突起，冒出了"沧海月明珠有泪"这样富有奇丽想象的句子。波光闪烁的沧海，皎洁的月光映照，珠蚌张开，对着月华，蚌中的珍珠晶莹闪亮，有如泪光闪烁，此等奇妙的意境，高旷洁净，又清冷凄婉，而难于言表的惆怅孤寂之情，在这意境中隐隐含露。下面一句"蓝田日暖玉生烟",描绘蓝田山脉,在和煦的阳光映照下,蕴藏其中的玉气,冉冉蒸腾,显现一种无限美好的憧憬,然而这种美玉的精气却是可远望而无法触摸到的,那种失望、怅然的情感又隐含其中。是的,读到这里,我只能说李商隐的这联名句,太像德彪西的音乐了。德彪西的创作喜欢通过和声写作及对共鸣的新手法来创造新的色彩、色调、效果、气氛,他的旋律往往把不同的印象和特殊的光与色的感觉糅和在一起,因而使有些人常常觉得奇迹般晦涩难懂。李商隐的诗不也是这样吗?颈联两句,阴阳冷暖,明珠美玉,不同的光与色以特殊的和声手法交织在一起,追求的是一种执著高洁的情操,吐露的却是惆怅叹惋的哀思。尾联说:这样的情怀哪里等待今朝追忆啊,即使在当时已经怅惘不已了。尾联呼应首联的"思华年"。读到这里,我们似乎也应该明白,诗的首句为什么要怨恨"锦瑟"了,因为正是美妙的乐曲才引发追忆往事的无限感慨啊!

李商隐(约813—858年),仕途受人排挤,终身坎坷潦倒,一生中的难言之痛和生离死别之恨,都化作了诗句。他的诗和他的人一样散发着神秘色彩。如果把他的诗作的含蓄也称作印象主义,那么,李商隐是比德彪西早出整整一千年的印象主义大师。

诚然,中国古典诗词和法国印象主义的音乐又不尽相同。从某种程度上说,中国古典诗词更要求含蓄,或者说"晦涩"。因为它短小，字数有限，规格谨严，不能像其他文艺形式那样，大段描写，大幅展开，从而促使作者不得不选择最有含量的词句，来容纳最深广的意境，选择最妥切的表达角度，来抒发最真挚的情思。赵翼《瓯北诗话》中说："言简意深，一语胜人千百。"正是此理。而我们读诗的人就应该懂得诗人种种宛转委曲的表达手法，读的时候要从字面上"如抽茧丝，愈抽愈有，如剥蕉心，愈剥愈出"（杨振纲《诗品解》）。

最后，我们来读读一位翻译家译的中国古诗的诗句：

> Thread in the mother's hand,
> Sewing for her journeying son;
> Stitching finely, carefully,
> Because she fears he will wander long;
> Who says that the grass's green well rewards the sunshine of spring?
>
> （A Traveller's Song, MengChiao）

慈母手中线，游子身上衣。
临行密密缝，意恐迟迟归。
谁言寸草心，报得三春晖。

（孟郊《游子吟》）

这个英文翻译，有没有译出原诗深邃的含意呢？

## 语言的音韵节奏

关于语言的节奏，在语文高考题目中已多次出现。有一道高考题要求从句式的角度赏析句子："彼如嵩、华之峻崎，衡、岱之方广，在九峰之下，磊磊然如布棋石者，可以百数。"（元结《九嶷山图记》）答案是这句话整散结合，前两句为整句，写九嶷山特点，节奏鲜明，再用散句描绘山峰之多，句式富有变化。

很可惜，这样的题目，相当多考生不知从何答起，而且责怪"语文课中从没教过嘛！"

哎呀！教是教过的，只是当初没强调罢了，临考来不及了。

下面讲讲语言的音乐性，以备高考，尤其自主招生学校的考试。

文字和音乐，一个看，一个听，感官虽不同，关系却很大！因为文字不只是概念的符号，而且是宜于诵读的有声音的语言。清代的评论家刘大櫆把文章譬喻为乐曲，认为最有节奏的章节，"必有希声窈渺处"（《论文偶记》）。很多作家在修辞上都十分讲究语音声调的和谐、语言节奏的优美。

高尔基要求自己作品的语言言辞准确明朗，还必须响亮动听。我国著名作家叶圣陶先生每写好一篇稿子先要过两道关，一道关是说，一道关是听，自己边念边改，直到认为"上口顺耳"才算满意。我国当代散文家曹靖华也要求文章"下字如珠落玉盘，流转自如，令人听来悦耳，读来顺口"。最妙的要称法国大作家福楼拜，据说他每写完一篇文章，都要用钢琴检验句子的音节是否响亮，足见其对文章的音乐性达到了苛求的程度。

语言的声音美，从汉语的特点讲，首先就表现为语音声调的平仄相配。现代汉语规范语音中阴平、阳平属平声，上声、去声属仄声，另外，阴平、阳平中还融入了一些古入声字，也应区分出来归入仄声一类。一句之中，平仄交替，句与句之间，平仄呼应，诵读时便有抑扬顿挫的节奏感。例如"张三李四"，四个字"平平仄仄"，有起有落，比较好听。四个字尚且如此，一个句子、一段文章更该认真安排了。我国古典诗词历来十分讲究格律，即使是散文，平仄的排列也很注重。王安石《读孟尝君传》一文中有这么一段：

> 孟尝君特鸡鸣狗盗之雄耳,岂足以言得士。不然,擅齐之强,得一士焉,宜可以南面而制秦,尚何取鸡鸣狗盗之力哉。

这段引文平仄抑扬、错综呼应,读起来就相当顺口。贾谊的《过秦论》一文中,连人物姓名的排列也注意平仄的协调:"……于是六国之士,有宁越、徐尚、苏秦、杜赫之属为之谋;齐明、周最、陈轸、昭滑、楼缓、翟景、苏厉、乐毅之徒通其意;吴起、孙膑、带佗、倪良、王廖、田忌、廉颇、赵奢之朋制其兵……"这节中如果随意调动几个人名的次序,就会觉得拗口。一些优美的古典散文之所以能一唱三叹,这也是重要的原因。当然,现代文写作,不必像古人这样过分讲究了。

但是,像朱自清、闻一多、徐志摩、戴望舒这样唯美派的作家、诗人,他们对诗文中的语言音乐性又非常注重了。《荷塘月色》一文,仔细品读,就会感受到它的音乐性。《雨巷》开头:"撑着油纸伞,独自彷徨在悠长、悠长又寂寥的雨巷",音韵就是"平平仄仄"地有起有伏,悠扬动听。

押韵,诗歌中十分强调。散文中夹以少量有韵之句,也能使语言在五音错落中出现重复和再现,读来铿锵入耳,别有韵味。苏轼的《前赤壁赋》以无韵句式为主,其中某些部分根据内容需要,又尽量押韵:"哀吾生之须臾,羡长江之无穷。挟飞仙以遨游，抱明月而长终。知不可乎骤得，托遗响于悲风。"这样散韵兼行交替，便构成摇曳多姿、回环往复的吟咏韵味。不但如此，音韵有时还能帮助表达情感。建安时代王粲的《登楼赋》第一段押平声尤韵，"登兹楼以四望兮，聊暇日以销忧……"大大加强了那种忧愁的声调；第二段转为平声侵韵，音调较前轻松，音乐感上也体现了抑扬顿挫；第三段突变为入声职韵，急转直下，顿时增添了凄恻之情。王粲当时依附刘表，才华受压抑，思念家乡，心情苦闷。这首赋的音乐性恰当地辅佐了思想内容的表达。

为了"上口顺耳"，还必须注意文句中词义停顿与音乐停顿的融合，所以许多作家都十分重视协调文句的音节。鲁迅《从百草园到三味书屋》中写小时候在雪地里捉鸟雀的情景："……看鸟雀下来啄食，走到竹筛底下的时候，将绳子一拉，便罩住了。"其中"竹筛""底下""时候"三个双音节词，原稿中是"筛""下""时"，读起来有点拗口。修改后，不仅使音节和谐，读来顺口，而且听起来意思也容易明白。

古代作家这方面也有不少范例。据说欧阳修写《昼锦堂记》一文，已经把文稿交给来求的人了，而且那人早走得很远，他猛然想到开头两句"仕宦至将相，富贵归故乡"不够满意，立刻派人骑上快马去追赶那人回来，加上两个"而"字，改为"仕宦而至将相，富贵而归故乡"。这两个"而"

字一加，原句急促的语气就变得舒缓流畅，直板的语调也变得有所起伏。

可以这么说，古今中外有成就的作家，都是语言文字上杰出的"音乐大师"。

［唐］刘禹锡《乌衣巷》

# 柳永和流行歌曲

## ——古诗的歌唱性及汉语的魅力

古诗是可以歌唱的。在古代诗人中，北宋的柳永大概算得上流行歌曲最早的创作者之一，称他为"爱情王子"也不为过。柳永青少年时期就精通音律，喜为辞章，加上当时的北宋"太平日久，人物繁阜"（孟元老《东京梦华录》），而他又常出入青楼，为乐工歌女们写作新词，"教坊乐工，每得新腔，必求永为辞，始行于世"（叶梦得《避暑录话》）。后来由于科举失利，柳永更放浪形骸，"忍把浮名，换了浅斟低唱"（《鹤冲天》），而且由于他"失意无聊，流连坊曲，遂尽收俚俗语编入词中，以便伎人传唱"（宋翔凤《乐府余论》）。把俚语俗语也写入词中，可见，他确实是当朝的流行歌曲大师。那时候的"邓丽君"所唱名曲，估计相当一部分是柳永写的词,而且这些歌传遍民间,"凡有井水饮处,即能歌柳词"(叶梦得《避暑录话》)。

柳永写的词,作曲自然是教坊里的乐师,但词本身具有音乐性,比其他文字作品更强调音韵节奏,这是毋庸置疑的。在两宋词坛上,柳永是创新词调最多的词人,现存二百多首词中,他用了一百多种词调,而宋代所用的八百多个词调中,有一百多首是柳永首创或首次使用。也正是他,在音乐体制上完全改变和发展了词的声腔体式,使词具有各种小令、引、近、慢、单调、双调、三叠、四叠等长调短令。没有柳永的创新,后来者,如苏轼、辛弃疾这样的大诗人也只能写写小令,而不可能创造出辉煌的慢词篇章。

柳永在古诗音韵性、歌唱性方面的成就相当可观。这和他创作的词的文字的音韵、格律密切相关。

讲到音韵,还要再解释一下"平""仄"声,因为有的人对文字的音乐性还不理解。1925年赵元任先生在清华大学国学研究院讲授中国音韵学,在讲到古音韵时,他用"中华好大国""偷尝两块肉"两句大俗话,诙谐风趣地说明了古汉语中五声的调值,即阴平、阳平、上声、去声和入声。古韵把阴平、阳平归在一起为"平"声,上声、去声和入声归为"仄"声。入声字在现代汉语中已融入阴、阳、上、去这四声中,如:国、肉、拔、伯、泼、决、竹、辟、烈、客、泣、彻、立、六、血、热、麦……入声字的读音比较短促,现在还保留在上海话、苏州话、宁波话等一些方言的读音中。

押韵是诗词格律的基本要素之一。中国的古诗所谓押韵是指诗句的最后一个字韵母相同或相近,这和外国的诗歌押韵位置有所不同。同类的乐音在同一位置重复,就能构成声音回环的音乐美。

但是,因为语言的发展,语音也有了变化,用现代语音去读就不行了。例如,杜牧《山行》:

远上寒山石径斜,白云生处有人家。
停车坐爱枫林晚,霜叶红于二月花。

"斜""家""花",用今音读,不押韵,但在上海话里,"斜"读"xiá",是古音保留,押韵了。

再看一首,李益《江南曲》:

嫁得瞿塘贾,朝朝误妾期。
早知潮有信,嫁与弄潮儿。

"期"和"儿"也不押韵,但是在上海话中"儿"读"nǐ",上海人叫"儿子"为"nǐzī",保留了古音。

讲求平仄和押韵是诗歌格律的重要方面。唐代以前的古体诗是自由体或半自由体，还没有形成格律，而唐代以后写的古体诗，虽然表面上不受格律限制，实际上也已很有些讲究，而唐以后的律诗、词以及曲，就已完全有格律限制了。

关于诗词格律的具体要求，在鉴赏古诗时，没必要很讲究，语文高考中也不会考到，所以，这里也不详述。有兴趣的朋友，可以去读王力先生著的《诗词格律》一书，通俗易懂，是真正的专家写的通俗读物。

由汉语的音韵性，尤其是诗歌的音韵格律，而决定了古诗不但可以吟，而且可以唱，"诗言志，律和声"（《尚书·尧典》）。《诗经》《楚辞》和《乐府诗集》均源于民歌，而协律可歌。汉乐府，本身就是搜民歌的机构，当时的民歌即如今常说的流行歌曲。

唐诗中的许多诗歌，当时就是可以歌唱的"流行歌曲"。杜甫在《江南逢李龟年》中写道："岐王宅里寻常见，崔九堂前几度闻。"李龟年是唐玄宗初年的著名歌手，常在贵族豪门歌唱，而杜甫少年时才华卓著，也经常出入岐王李隆范和殿中监崔涤的门庭，欣赏到李龟年的歌唱艺术。几十年以后，他们又在江南重逢，当时唐王朝已步入衰败，李龟年也流落江南，"每逢良辰胜景，为人歌数阕，座中闻之，莫不掩泣罢酒"（《明皇杂录》）。

那么，李龟年唱的是什么呢？据唐代范摅《云溪友议》

卷中《云中命》记载,在安史之乱中,唐明皇"幸岷山,百官皆窜辱,积尸满中原,士族随车驾也。……李龟年奔迫江潭,杜甫以诗赠之曰:'岐王宅里寻常见……'龟年曾于湘中采访使筵上唱:'红豆生南国,秋来发几枝?赠君多采撷,此物最相思。'又:'清风朗月苦相思,荡子从戎十载余。征人去日殷勤嘱,归雁来时数附书。'此词皆王右丞所制,至今梨园唱焉。歌阕,合座莫不望行幸而惨然。"

李龟年唱的是王维所写的《相思》(又名《江上赠李龟年》)和《伊州歌》,可见王维当时算得上歌唱家李龟年的词作家。这两首诗写的是友情、爱情和远离漂泊之人的思乡、思亲之情,李龟年一唱,令筵上听众思念故国,思念君王唐明皇,所以惨然落泪。可见,诗歌经歌唱家一唱,更能动情。

但是,汉语还有一种其他民族语言所没有的特色,赵元任先生就曾指出:"作为形式独立性的一个更为极端的例子,就是汉语里文言和口语的分离,前者以视觉差异才能区别同音字,而后者就必须让人听得懂。"(《语言的意义及其获取》)赵先生这段话的意思就是,文言文的词语有的只能看,不能读,看得懂,但读不出来,读了别人也不懂。他还用文言文写了一个单音故事《施氏食狮史》,全文如下:

石室诗士施氏,嗜狮,誓食十狮。施氏时时适市视狮。十时，适十狮适市。是时，适施氏适市。氏视是十狮，恃矢势，使是十狮逝世。氏拾是十狮尸，适石室。石室湿，氏使侍拭石室。石室拭，氏始试食是十狮。食时，始识是十狮，实十石狮尸。试释是事。

这段话译成白话文可以读。按原文读，全文92个字，都读 shi，仅声调不同。原文讲的是：石头屋子里一位姓施的诗人，嗜好狮子，发誓吃十头狮子。他经常去市场看（有没有）狮子。十点钟，恰巧有十头狮子到市场。这时候，也恰巧施先生到市场。施先生看了这十头狮子，依恃自己射箭的本领、气势，杀死了这十头狮子。施先生抬着这十头狮子的尸体，（回）到石头屋子去。石头屋子很潮湿，施先生让侍从擦一擦石头屋子。石头屋子擦好，施先生才试着吃这十头狮子。吃的时候，刚刚知道这十头狮子，实在是十头石头狮子的尸体。请试着解释这件事。

这是篇绝对的"书面语"。照原文，谁能读出意思来，实为神人也。世界上只有汉字才有这样特殊的魅力，才能创造出这样的语言奇观。1960年，这个单音故事被收录于《大英百科全书》，它被各国汉学家们视为瑰宝。他们不能不叹服：中国的语言文字既能唱，具有很高的音乐性，又会令人没法读，只能看。

这就是我们的汉语言文字,充满魅力的汉语,既能吟诵、歌唱,又会令人只读"屎"的音,读不出意义。妙哉!

［宋］叶绍翁《游园不值》

## 剽窃、借鉴和创新

我在谈及写作时，曾讲过两句俏皮话："天下文章一大抄，看你会抄不会抄。"此话自然引起正人君子名家们的反感和抨击，认为我在鼓动学子"抄袭""剽窃"。

其实，纵观古今中外文学艺术创作，"剽窃"之事何尝少过？《水浒传》是经历了上百年的口头流传，一代一代人的"剽窃"，最早形成蓝本为《大宋宣和遗事》，经施耐庵"剽窃"而再创造成章回小说。同理，没有反复"剽窃"、写作，何来《三国演义》《金瓶梅》《西游记》这样的文学名著？

宋代诗人林逋描写梅花的名句"疏影横斜水清浅，暗香浮动月黄昏"（《山园小梅》）精妙至极。何处来的？"剽窃"的，是从唐代的江为诗句"竹影横斜水清浅，桂香浮动月黄昏"化来，而且只改了两个字。其实，平心而论，江为的诗句并不比林逋的逊色，改动两字，意境却焕然一新，主旨也已迥然相异。类似例证还可从毛泽东诗词中找出许多。"人生易老天难老，岁岁重阳，今又重阳，战地黄花分外香。"（《采桑子·重阳》）"天若有情天亦老，人间正道是沧桑。"（《人民解放军占领南京》）而唐代诗人李贺的原句是："衰兰送客咸阳道，天若有情天亦老。"（《金铜仙人辞汉歌》）显然，毛泽东的诗句化用了李贺的，但两者的意境和情怀迥然不同。又如，"一唱雄鸡天下白，万方乐奏有于阗，诗人兴会更无前"（《浣溪沙》），化用李贺《致酒行》"我有迷魂招不得，雄鸡一声天下白"。李贺一生郁郁不得志，诗中流露的多是怨愤情怀，毛泽东对他的诗句顺手拈来化用，表达的则是无产阶级革命家的豪迈气势。

　　由此可见，同一个"抄"字，此"抄"非他"抄"也。他抄，是抄袭。此抄，是创作者有新的内容、新的意境，在某些地方借用了别人的文辞或境界。这种借用，无非是借鉴。

　　唐代贾岛《忆江上吴处士》："秋风生渭水，落叶满长安。"全诗是思念朋友，"秋风""落叶""长安"是写与友分别的时令、地点。宋代周邦彦借用："渭水西风，长安乱叶，空忆诗情宛转。"（《齐天乐》）至元代白朴又借用："銮驾迁，成都盼。更那堪浐水西飞雁，一声声送上雕鞍。伤心故园，西风渭水，落日长安。"（《梧桐雨》第二折《普天乐》）这是写唐明皇看到大雁西飞，内心的凄凉。而毛泽东词《满江红》中诗句："正西风落叶下长安，飞鸣镝"，则借用来渲染当年那些反华的霸权主义小丑们萧条凄凉的处境。其意境和主旨与唐人贾岛完全不同了，而且在风格上也完全达到了创新境界。

剽窃是借鉴，借鉴达到了创新。古诗中此类例子不胜枚举。杜甫遭安史之乱，后从长安逃出，回到家中，在《羌村》诗中说："世乱遭飘荡，生还偶然遂！邻人满墙头，感叹亦歔欷。夜阑更秉烛，相对如梦寐。"夜深举烛与妻子相看，还怀疑在梦中。而宋代的晏几道却化为："从别后，忆相逢，几回魂梦与君同。今宵剩把银釭照，犹恐相逢是梦中。"这写的是富家女子的情思。前后两者主旨不同，风格上也是前者质朴，而晏词婉约清丽。

可以说，文学艺术创作、虚构创作，尤其是创意，完全离不开剽窃。美国著名推理小说家劳伦斯·布洛克，这位获得爱伦坡奖终身大师奖的大作家说过，很多作家的灵感来源完全是别人的作品，这没有什么可耻的。他还专门写了一章写作体会——《创意剽窃论》。创意剽窃，这种招数谁没用过？

著名书法家张旭工于草书，他说："始吾见公主担夫争路，而得笔法之意。后见公孙氏舞剑器，而得其神。"（李肇《唐国史补》）张旭坦言，他的草书"意"和"神"是从公主与担夫争路，从公孙大娘舞剑中启发借鉴而来。贺绿汀的名曲《游击队之歌》，有人说旋律像德国作曲家韦伯的《猎人合唱》，又有人说，法国二战时期也有首爱国歌曲《游击队之歌》。谁剽窃谁的？美国音乐人约翰·索恩说，他的所有音乐由多种他人的作品剽窃而来，无非是把剽窃所得重新组合而已。然而，这种组合是按作者自己的美学标准，富于个性的创新。

现在还是回到古诗鉴赏上来说。杜甫的名句"朱门酒肉臭，路有冻死骨"，把豪门贵族穷奢极欲的生活和贫苦百姓痛苦的生活作了鲜明对比。大家都已耳熟能详。其实，杜诗也是有出处的。《孟子》："狗彘食人食而不知检，途有饿莩而不知发"，说贵族家狗和猪吃人食却不制止，路上有饿死的人却不救济，杜诗语意与此相似。《淮南子》中写道："贫民糟糠不接于口，而虎狼熊罴厌刍豢；百姓短褐不完，而宫室衣锦绣。"这也是用对比手法说贵族王公家养的畜生吃牛、羊、猪肉，百姓连糠也吃不上，贵族穿上锦绣，百姓破衣烂袄也穿不上。此类句子还有很多，杜甫正是剽窃了这种创意，"而一入少陵手，便觉惊心动魄，似从古未经人道者"（赵翼《瓯北诗话》）。

可见，无论是剽窃原句，还是剽窃创意，关键在拿来以后借鉴、创新。写到此，不由想到近年语文高考作文题，题目提示中往往气势汹汹地写："不得抄袭，不得套作。"抄袭，就是把他人作品原封不动直接拿来，当今有的自封的作家就是如此，还可以厚颜无耻地拍电影，上亿元上亿元地赚钱，这种真正的剽窃，尔奈其何？至于学子模仿他人文章，套用作自己文章，又有何不可？

最后，我还想引用严羽《沧浪诗话》中的话："夫诗有别材，非关书也；诗有别趣，非关理也。然非多读书，多穷理，则不能极其至。"这段话意思是，文学艺术创作主要不是靠读书、穷理，但要有真正的优秀创作，必须多读书、多穷理。不下苦功读书，动辄"反叛"教育，还自称什么"天才""作家""导演"，必将贻笑大方。

# 秋菊落英和月黑雁飞

## ——创作的真实和想象

王安石和欧阳修有一场很有趣的争议,事见北宋蔡京之季子蔡絛著的《西清诗话》。说的是王安石写了一首《残菊》诗:"黄昏风雨打园林,残菊飘零满地金。折得一枝犹好在,可怜公子惜花心。"欧阳修见了发笑,说:"百花尽落,独菊枝上枯耳。"于是也写了两句诗:"秋英不比春花落,为报诗人仔细吟。"王安石听到这话以后,也不服气:"是岂不知《楚辞》'夕餐秋菊之落英',欧九不学之过也。"王安石称欧阳修为"欧九",是用欧阳修在兄弟一辈中排行为"九"称呼他,可见两人关系还是很亲密的,他用屈原《离骚》中诗句来批驳欧阳修,说屈原也写到吃菊花的落花的,还嘲讽欧不学无术,不读书。

那么这二位谁对谁错呢？

按史正志《菊谱后序》中说法，菊花的花瓣结密的，是不落的，枯于枝头；但花瓣结的不密的多落，盛开后，遇到风吹雨打就飘落满地。不过一般见到的菊花，以不落的为多。所以南宋著名词人朱淑真的词句说："宁可抱香枝上老，不随黄叶舞秋风。"(《黄花》)南宋末年著名画家郑思肖不肯降元，也题诗于所画《墨菊》上："宁可枝头抱香死，何曾吹落北风中。"

可见，王安石的《残菊》诗中并未说明自己写的是罕见的落花瓣的菊花，而擅写"满地金"，是失去了真实，欧阳修是对的。至于屈原诗中所写服食菊花，是初开的菊花，有香气，可以服食。"落"是出落、始开的意思。枯萎的菊花有毒不可服用。

可见，理解诗句、创作诗歌也要从生活出发，需要体察生活实际，不能闭门读书，主观地创作。

宋代有位诗评家张表臣参加过农业劳动，有亲身体会，所以他写道："东坡称陶靖节诗云：'平畴交远风，良苗亦怀新'，非古之耦耕植杖者，不能识此语之妙也。仆居中陶，稼穑是力。夏秋之交，稍旱得雨。雨余徐步，清风猎猎，禾黍竞秀，濯尘埃而泛新绿，乃悟渊明之善体物也。"(《珊瑚钩诗话》)张表臣在"中陶"时候，"稼穑是力"，夏秋之交在雨后清风中，体察到庄稼争着抽穗、泛出新绿的情景，所以体会到陶渊明诗句之妙。

宋代词人叶梦得在评述杜甫的诗歌时说："老杜'细雨鱼儿出，微风燕子斜'，此十字殆无一字虚设。雨细着水而为沤，鱼常一浮而沁，若大雨则伏而不出矣。燕体轻弱，风猛则不能胜，惟微风乃受以为势，故又有'轻燕受风斜'之语。"（《石林诗话》）杜甫的诗是细微体察大自然，抓住景物特点来写的，而叶梦得也在锐利地观察大自然后，才会对老杜的诗有真切体会。

那么能不能不按生活的真实而按主旨、情感加以想象进行创作呢？当然可以。在文艺创作中，还不乏其例。请看：

月黑雁飞高，单于夜遁逃。
欲将轻骑逐，大雪满弓刀。

这是卢纶《塞下曲》中第三首，典型的边塞诗，是对行伍生活有亲身体验的军营诗人所作。"月黑雁飞高"并非眼中之景，而是臆想中的景象，雪夜月黑，敌人在行动，宿雁被惊飞了。敌人半夜要逃跑，我军立即追逐，正逢大雪纷飞，雪花落满弓刀，而将士们不畏严寒艰险，奋勇出战，抱定必胜的信念。

对于这首诗，著名的数学大师华罗庚先生却不以为然，他在《中学语文教学》也发表了一首诗批评卢纶："北方大雪时,群雁早南归。月黑天高处,怎得见雁飞?"从科学角度看,华罗庚的看法完全正确,北方严寒时,大雁早已南飞,而且半夜时所有还留存的雁也都在巢里睡觉了。不过,诗歌是把意境作为灵魂的,如果照科学推理来写,那就没有文艺创作了。

有异议的边塞诗还有一首,岑参的《白雪歌送武判官归京》:

> 北风卷地白草折,胡天八月即飞雪。
> 忽如一夜春风来,千树万树梨花开。
> 散入珠帘湿罗幕,狐裘不暖锦衾薄。
> 将军角弓不得控,都护铁衣冷难着。
> 瀚海阑干百丈冰,愁云惨淡万里凝。
> 中军置酒饮归客,胡琴琵琶与羌笛。
> 纷纷暮雪下辕门,风掣红旗冻不翻。
> 轮台东门送君去,去时雪满天山路。
> 山回路转不见君,雪上空留马行处。

岑参曾两度到边塞,任军营的幕僚,对鞍马风尘的征战生活和冰天雪地的塞外风光深有感触、体会。此诗虽然写的是送别武判官回京,但同时以敏锐的观察力和浪漫奔放的豪情,形象地描绘了西北边塞的壮丽景色,也是令读者击节赞叹的。然而也有人质疑,那里天气会冷到狐皮袭也"不暖",锦被也嫌"薄",将军"角弓"也拉不开,将士铁甲也穿不上吗?尤其是"瀚海"指的应为沙漠,如何能纵横结出一条一条冰凌呢?质疑者其实又忘了,这是诗歌。诗歌创作需要夸张,需要想象,需要创造意境,才能生动形象。"诗者,志之所之也。在心为志,发言为诗,情动于中而形于言。言之不足,故嗟叹之。嗟叹之不足,故咏歌之。咏歌之不足,不知手之舞之、足之蹈之也。"(《诗·大序》)如果一律按科学数据写诗,如何使之"歌之""舞之"?

不光创作需要想象,阅读鉴赏也需要想象。

陈子昂的《登幽州台歌》:"前不见古人,后不见来者,念天地之悠悠,独怆然而涕下。"这首千古名篇以慷慨悲凉的风格抒写了自己失意的境遇和寂寞惆怅的情怀。但后来的鉴赏者,尤其是近年的评论专家却大展想象翅膀,把这首诗和历史的长河与现实,和天道与人道,和生命的价值联系起来,甚至和"宇宙之我"联系起来。据说,这种体会,"只有通过吟诵,才能使你觉醒。"这就是想象的魅力。其实,仔细考证一下,这世界上根本没有"幽州台",这首诗最早记于陈子昂的好朋友卢藏用《陈诗别传》,而且说陈子昂是"泫然流涕而歌曰",也没有题目。从《蓟丘览古赠卢居士藏用七首》诗来看,他登临的地方是今北京德胜门外的蓟丘,"古人"是指战国时招贤纳士的贤君燕昭王。所谓的幽州台,全是读者的想象。

说到诗歌创作的想象，还应该提到苏东坡。苏轼的《念奴娇·赤壁怀古》，词中写的"故垒西边"，是"黄州西山麓，斗入江中，石色如丹，传云曹公败处所谓赤壁者。或曰非也"（胡仔《苕溪渔隐丛话》）。苏轼自己也明知所游黄州之处，是赤壁矶，所以说"人道是三国周郎赤壁"，于是就可以展开联想了，实在算得上滑头，门槛精。

至于后面写道，"遥想公瑾当年，小乔初嫁了"，更是胡说八道。《三国志·周瑜传》中记载：建安三年，"瑜年二十四，吴中皆呼周郎……时得乔公两女，皆国色也。（孙）策自纳大乔，瑜纳小乔。"赤壁之战是在建安十三年，周瑜已三十四岁，决非当年，小乔也不是"初嫁了"，而是乔阿姨了。所以，清代张尔岐批评苏东坡经常胡说八道："东坡文字，亦有信笔乱写处。"（《蒿庵闲话》）

"乱写"吗？非也。苏轼是将错就错，借他人美酒，浇自己胸中块垒，情不可遏，想象非凡，文思如泉涌，从而"惊涛拍岸，卷起千堆雪"而已。

刘勰在《文心雕龙》中说："古人云：'形在江海之上，心存魏阙之下。'神思之谓也。文之思也，其神远矣。"他说的"神思"就是想象，其作用是："吟咏之间，吐纳珠玉之声；眉睫之前，卷舒风云之色。"读苏东坡的"大江东去"词，你能听到"珠玉之声"，看到"风云之色"，这就够了。

难道还要考证哪里是大战的赤壁之处,当年周瑜多大年纪吗?

  我又想起了电影。吴宇森导演的《赤壁》,诸葛亮是有胡子的,周瑜是青年小生,历史考证一下,两人谁的年纪大?当然是周瑜年长。电影中,林志玲演的小乔为了帮助丈夫周瑜凭借东风能火烧赤壁,居然可以越过长江,到曹操军营给曹操劝酒,使曹孟德被美色所迷昏头昏脑……牛皮吹到惊人地步啦!你去骂导演,他回答:想象!尔奈其何?

# 杜甫的《望岳》是律诗吗?

## ——关于古体诗和近体诗的区别

《望岳》是杜甫所作的名篇,约写于开元二十四年,此时的青年诗人"裘马轻狂",纵情山水,在这首千古名诗中,以饱满的热情,形象地描绘了泰山雄伟壮观的气势、秀美的景色,抒发了作者青年时期的豪情和远大抱负。

但关于这首诗的体裁,却众说纷纭,有人言辞凿凿地说是律诗,有人认为是古体诗,也有人含糊其辞。可以说对一首古诗,不能明确界线分清体裁,在语文应试中往往会失误。那么,区分古体诗和近体诗(律诗)的界线是什么呢?

以年代界线划分,唐朝是一个年限。一般说,唐朝以前的诗歌为古体诗,近体诗(又称为今体诗、律诗)在唐代以后才有。古体诗又以汉朝为界线,汉朝成立"乐府"机构,这时期产生了乐府诗，汉以前的古诗一律称之为古体诗。语文考试时，"乐府诗"笼统称为"古体诗"，答题算错的。"乐府诗"有"歌""吟""行"等称呼可作为标记，如《琵琶行》《白头吟》《长恨歌》，一看就知道是乐府诗。李白很爱写乐府诗，其数量可达两百首，像《蜀道难》《将进酒》《行路难》《鸟栖曲》等都是汉乐府的旧题目而翻出新意，使古题乐府焕发新生命。

应该明确，后朝的人可以写前朝体裁的诗，即唐代人李白可以写乐府诗、古体诗，前朝的人不可能写后朝体裁的诗，即曹操是绝不可能写律诗的。曾经看过一部描写孟姜女哭长城的电视剧，镜头里的孟姜女居然一边号啕，一边往空中撒着纸钱。这真是令人叫绝，秦朝那会儿，纸张还没有发明哪！这两年的"抗战神剧"中还有更多叫人发噱的地方。某些片中的台词："同志们，抗战已经第七个年头了，还有最后一年就要胜利了！""我爷爷九岁的时候就被日本鬼子残酷杀害了"……有的人大概习惯了历史穿越，把脑神经穿糊涂了。

回过头来讲古诗。关于古诗的体裁，历年高考也多次考到。2014年上海高考题就考到律诗相关知识。律诗分五言、七言，常见的八句，四句的为绝句。首先，从字面形式看，杜甫的《望岳》确实像五言律诗。但字数、句数的固定，并不是律诗的唯一特征，因为古体诗也可以有此特征。

其次是诗中的对偶，律诗要求三、四句和五、六句对偶，

一、二句和七、八句也可以对偶。《望岳》的三、四句"造化钟神秀，阴阳割昏晓"，五、六句"荡胸生层云，决眦入归鸟"，均可勉强称为对偶，于是有人认定此为颔联、颈联，全诗为律诗。

再次是押韵。律诗的押韵十分严格，双句必须押韵，首句可不押韵。《望岳》的"了""晓""鸟""小"四个字是押韵的，但律诗规定一般只能押平声韵，且只能取同一韵部中的字，即不能"出韵"，不能换韵。《望岳》双句的末句四个字是仄声，押"十七篠"韵，且第一句末尾字"何"，是平声韵，和下面韵脚不和谐。

另外，从"平仄"看，律诗最主要的应讲究诗句前后、上下句的平仄和谐，从而能在吟唱时有抑扬顿挫的听觉效果，无论是五言或七言，都有严格的规定。所谓平仄，按今天语音分，阴平、阳平为"平"，上声、去声为"仄"，另外，古音中还有入声字，现分布在四声中，应把它提出，因为它也属于"仄"。赵元任先生曾用"中华好大国"五个字，概括了阴、阳、上、去、入五声的声调。五言律诗中每个字的平仄安排，共有四种格式。这里不必详细论述，因为高考是绝不会考到的。仅从首句来分析，《望岳》第一句是"岱宗夫如何"，仄平平平平，显然是不讲究平仄声相谐了。五言律诗四种格式的首句为：①仄仄平平仄②平平仄仄平③平平平仄仄④仄仄仄平平。

律诗还有个严格规定。每一联上一句叫出句，下一句叫对句。出句的平仄和对句的平仄要相反，上一联的对句和下一联出句第二字平仄要相同，这叫"对"和"黏"。《望岳》则完全不符，全部失对。

律诗中还有个大忌，即每句最后三个字不能都是平声，否则就称之"三平调"，绝不允许出现。《望岳》中"岱宗夫如何""荡胸生层云"两处都是三平调。这是典型的古体诗格式。

应该看到，《望岳》虽然不是格律诗，而是古体诗，但人们并不否认它是首大气磅礴的好诗，它的意境和气势令人赞不绝口。

其次，应该看到，律诗的形成是有一定历史时期的，在杜甫的早年，律诗还未定格，更未流行。当时的很多名诗，例如孟浩然的"春眠不觉晓，处处闻啼鸟。夜来风雨声，花落知多少"（《春晓》），实际上是五言古体诗，而不是绝句。杜甫爱上律诗是在他晚期创作时，那时，律诗已定格，为和古体诗区别，所以又称今体诗、近体诗。到了晚唐，诗人们创作的基本上都是律诗了，如李商隐、杜牧等人。

律诗中不遵守"规律制度"，存心出格的也有。例如崔颢的《黄鹤楼》，颔联，第三句"黄鹤一去不复返"，几乎全部都是仄声字，其中"鹤""一"，古音是入声，也是仄声；第四句"白云千载空悠悠"，"空悠悠"三个字都是平声，犯了三平调大忌。但这首诗依然是律诗，诗人也并非故意要违反规律，而是依据"诗以立意为要点，不以词害意"的原则进行创作，完全是按着自己的胸臆酣畅宣泄，写出了七律中罕见的高唱入云的诗句。后人沈德潜评论为："意得象先，神行语外，纵笔写出，遂擅千古之奇。"(《唐诗别裁》) 所以，诗仙李白后来看到这首诗也慨叹："眼前有景道不得，崔颢题诗在上头。"

[唐] 杜甫《登岳阳楼》

# 坦荡潇洒　任天而动

## ——苏轼《定风波》赏析

### 定　风　波

**苏　轼**

　　三月七日，沙湖道中遇雨。雨具先去，同行皆狼狈，余独不觉。已而遂晴，故作此词。

　　莫听穿林打叶声，何妨吟啸且徐行。竹杖芒鞋轻胜马，谁怕？一蓑烟雨任平生。　　料峭春风吹酒醒，微冷。山头斜照却相迎。回首向来萧瑟处，归去。也无风雨也无晴。

　　彻底忘怀个人得失，睥睨世俗功名利禄，无所依恃，无所企求，只陶醉于内心的自我安宁，只求助于自我心灵的宽慰，庄子的这种哲学思想在苏东坡的人生中已融入精髓，在他的诗词作品中也表现得淋漓尽致。

山行道中，突然遇到风雨，又没有雨具，同行的人均狼狈不堪，听到风啸雨淋"穿林打叶声"，有的人也许还哀叹不已，唯有苏轼似乎没有什么不快，依然潇洒前行，而且对着风雨吟诗啸歌。拄着竹杖，踏着芒鞋，轻快地胜过骑马，即使一生中遇到烟雨蒙蒙，也只不过披一件蓑衣遮风挡雨罢了，谁会害怕？

浑身淋湿，加上春风料峭，身上毕竟感到寒气相袭，也许还会冷得发抖，但眺望远处，风雨初停的山头已有一抹夕阳相迎。回头看看先前走过的萧瑟凄冷的山路，不免有一阵淡淡的喜悦。想到曾经经受过的风雨与晴朗、凄冷与温暖，不免感慨万千。决定人生的是冷暖晴雨吗？不。让这一切都"归去"，"也无风雨也无晴"，不因为有阳光的温暖而感到喜悦，也不因为风雨的凄凉而感到忧伤。人生不能只依靠外部的条件，只有牢牢地把握自己，用自我的心灵来战胜一切，才能彻底解脱！

"也无风雨也无晴"，那就是外部的一切均是无差别的境界。

在庄子看来，天然本真的生命价值比一切身外之物、比功名利禄得失更为重要。只要内心一片恬淡、一片清明，心灵静如止水、寂如太虚，那么，人生就能忽忘天地，弃置万物，就能使精神世界不受外物困扰，而真正与大道至德相融合。("极物之真，能守其本，故外天地，遗万物，而神未尝有所困也。"《庄子·天道》)

苏轼（1037—1101年），幼年时就才气横溢，聪颖过人。他22岁时赴京师应试，以其非凡的才华深得主考官欧阳修赏识，其后风云一时，名噪京城。然而，他步入仕途却坎坷多蹇，"乌台诗案"，因揭露新法弊端而被捕入狱，虽免于死罪，也被贬至黄州。人生的苦难，往往会产生一种奇特的磨砺作用，使幼稚变得成熟，使肤浅变得深沉，使柔弱变得刚毅。在深感孤独、苦闷和压抑时，会对自然、社会和人生，领悟到一种新的境界。因而，他写下了许多脍炙人口的名篇，包括这首《定风波》。

《定风波》是抒发胸臆之作，也是阐述哲理之篇。从春风得意的巅峰突然跌入囹圄之灾的低谷，愤懑、忧愁、孤独是人之常情，然而，面对苦难，回避逃跑或忧心忡忡均是无济于事的，唯一正确的做法是坦荡潇洒地直面一切、无所顾忌地承担一切。这种哲理性的感悟，诗人并没有空洞、直率地述说，而是借用"沙湖道中遇雨"这样的日常琐事中自己的应对态度，婉转曲折地表达，化虚为实。写自己在风雨中"吟啸徐行"那悠然的神态，写"竹杖芒鞋"信步的动态，写"一蓑烟雨任平生"的旷达气度，实际上都是形象而生动地写出了内心的情思和感想。下阕在字面上依然写自然之景，骨子里还在抒人生之情。人生的冷暖是难免的，然而，把这一切都抛去，达到"也无风雨也无晴"的境界，也就是既无寒冷的忧虑也无温暖的欢悦，这是何等的完美啊！这种高层次的哲理，是常人无法造及的，而东坡居士却借自然界的"风雨""斜照"，景中寓情，含蓄表达。关于这一点，苏轼曾在评价一位朋友写的一首词《解愁》中更明确地表达：解愁虽然可以免去忧愁，但是心中还是有愁，更为彻底的办法是"无愁可解"。人生根本不必有愁，如果能够做到自己内心完满，无所依赖，所有的愁也就不会纳入心中，这就达到了"无愁"的最高境界，即"也无风雨也无晴"了。

　　站在风雨之中，能否察觉一种奇特的美感呢？在忧郁、孤独和悲壮中，能否显现一种豁达开朗的心境呢？禅宗的"解脱"，老庄哲学的"无我"，要做到确实很难，但是人生敢于直面一切，不害怕苦难，不畏惧挫折，确实也应该可以做到。再进一步说，如果并不依靠外界的条件而彻底解脱，用自我的心灵去主宰一切，坚定地相信自己，那种人心的伟大所产生的力量是强大的。

　　苏轼的这首词也许可以给我们许多启迪。可以振奋许多人的志气，可以化解许多人的郁闷、愁苦，学苏翁"坦荡之怀、任天而动"（郑文焯《大鹤山人词话》）。

　　读者至此，或有所得，不妨从以下两点思考一下本词：

　　1. 词中写"谁怕？"是什么含义？"归去"，是指什么

"归去"？这样写用了什么表现手法？

2."一蓑烟雨任平生"，给人什么启迪？

诗词鉴赏中，对于景和情的关系，从这两点中应该有所启迪吧。而以上详细分析这首词，也是从主旨等多方面来探讨其深沉的内涵。

［宋］苏轼《定风波》

# 豪情勃发　笑傲生死

## ——从王翰《凉州词》谈及留白

### 凉　州　词

王　翰

葡萄美酒夜光杯，欲饮琵琶马上催。

醉卧沙场君莫笑，古来征战几人回。

### 一

　　王翰是盛唐时期的诗人。这一时期，唐帝国国力强盛，民气昂扬，所以，尽管边塞屡屡有战事发生，但在反映这一题材的边塞诗中，除了有凄苦悲凉的哀叹和反战的呼喊之外，也有一些激昂奋发、充满豪情的作品。王翰的这首《凉州词》历来为人称道，盖其不同凡响。

请看，在硝烟弥漫的疆场，呈现的却是诗一般美丽的景象。将士们捧起了夜光杯，斟满了葡萄美酒。那是用白玉精制的酒杯啊，在暗夜中会熠熠闪光的。哦，有人骑在战马上，弹起了琵琶，是悠扬的抒情曲，还是激昂的舞曲呢？这是催促将士们边喝美酒，边欢歌狂舞。唱吧，满怀豪情地狂欢。只有在鏖战屡屡出生入死的人才懂得什么叫豪情。喝醉了，躺在这片此刻还未交战，还显示着鏖战前的宁静的沙场，请不要笑话，因为到了明天，激战一开始，这里将是烽火连天，战烟滚滚。而自古以来，出征血战的将士，有几个人还能再返回的？是的，没有什么伤感和嗟叹，热血男儿今天喝得烂醉，就是准备明天奔赴战场，奋勇杀战，为国捐躯！

华夏诗坛上，描写忠勇报国、甘洒热血的诗句实在不少。"捐躯赴国难，视死忽如归。"（曹植《白马篇》）"愿得此身长报国，何须生入玉门关。"（戴叔伦《塞上曲》）"一身报国有万死，双鬓向人无再青。"（陆游《夜泊水村》）"只解沙场为国死，何须马革裹尸还。"（徐锡麟《出塞》）"粉身碎骨寻常事，但愿牺牲保国家。"（秋瑾《失题》）……这些诗句中把为了国家献身看作像归家一样平常，即使死一万次也是"寻常事"，确实豪情勃发、气贯长虹。

和上述诗句不同，王翰的《凉州词》似乎只描写饮酒欢闹、闲情逸致，这种情景也许只是军营生活中瞬间的热闹场面，或者纯粹是诗人主观的想象或向往。但是透过字面，仔细品味，从那饱满的笔触中，我们可以感受到那种豪饮不休、笑傲生死的淋漓酣畅的悲壮之情。这种悲壮，不是昂首挺胸的激愤，也不是咬牙切齿的呐喊，而是蕴含在字里行间的撼动人心的冲击力。从表现手法说，不是一目了然的正面"直说"，而是旁敲侧击、委曲婉转地衬托或"暗示"。是侧面描写，含蓄达意。

清代李重华在《贞一斋诗说》中讲到，诗写到最精妙时，在字面上不能完全表露出来，而感情则已跃然纸上。（"诗至入妙，有言下未尝毕露，其情则已跃然者。"）含而不露的目的，是为了耐人咀嚼，耐人寻味。"古来征战几人回"，这最后一句也没直说要为国捐躯，而是用了个反问句，让读者去体会吧，去悟出其悲壮之美。

誓为热血男儿，勃发阳刚之气。就连易安居士这样的弱女子也写出"生当作人杰，死亦为鬼雄"这样的豪言壮语，可见，忠勇报国的阳刚精神是华夏民族的精魂。

读王翰的这首诗，也应该受到这方面的启迪。

下面是这首诗的鉴赏要点，供读者思考：

1. 有人说这首诗后两句"作悲伤语读便浅，作谐谑语读便妙"（施补华《岘佣说诗》）。按他的说法，这两句表述的情调是伤感的，应该用俏皮诙谐的语调读，你同意吗？请说说理由。

2. "古来征战几人回"是个反问句，改用陈述句好不好？

请谈谈理由。

二

王翰的这首诗，令人想到了中国古典诗词的美学特征，即"留白"。

留白，又叫"虚白"。虚，虚涵；白，空白。庄子曰："虚室生白。"在中国的绘画、书法、篆刻之中，则谓之"布白"，讲究空白之处的妙用。故而清初有人说："虚实相生，无画处皆成妙境。"那意思是讲，在没有落笔的空白之处，有令人产生无限遐想的奇妙之境。而中国诗词中的"虚白"，强调留下的空白中的含义与内涵，因为语言艺术的独特性，更能做到微言大义、寄旨深远，在情景交融的意象中，构建阔大的意境，拓展无限的审美空间。

可见，鉴赏古典诗词，要善于从文字描写的实景之中，注重留白，去领悟"虚白"中的内涵。

柳宗元《江雪》："千山鸟飞绝，万径人踪灭。"画面一片死寂空寥，然而在这实景中留下的却是被贬之后痛苦万分的诗人孤傲不屈的志向和情感，所以，接下来两句是："孤舟蓑笠翁，独钓寒江雪。"

杜甫《江南逢李龟年》："岐王宅里寻常见，崔九堂前几度闻。"诗人"见"到什么、"闻"到什么，没写出来，留下了空白，让读者去联想、品味。结合作者的写作年代和后两句诗："正是江南好风景，落花时节又逢君"，我们就可以理解,"见""闻"的正是唐王朝当年鼎盛时期歌舞升平的景象,和今日安史之乱的残败相对比,那种感伤、哀怨之情,跃然纸上。"落花时节",字面上指的是暮春之季,暗中更是诗人个人命运和国家命运的譬喻。

要领悟留白,关键在于从诗的字面上,结合诗人身处的时代和身世,去加以联想。李商隐的诗,尤其是他的《无题》,其"虚白"达到极致。"义山《无题》诸作,春女读之而哀,秋士读之而悲。"(钱谦益《注李义山诗集序》)为何?因为那些春女、士人在读李义山诗后,从留下的"虚白"中产生联想,引发了自身的悲哀。有的时候,诗中描绘的都是想象中的人或事,如王母、嫦娥、天神等,上天入地,无所不纳,这就更加拓展了诗词的内涵空间,在那虚无缥缈的"虚白"中,正寄托了诗人的情感和主旨。

现在,依然谈及王翰的《凉州词》。如果不懂得赏析古诗词中的"留白",那么,从该诗的字面上我们只能看到唱歌欢舞的情景,怎么能领悟到将士们豪情勃发、笑傲生死的壮志呢?还应该知道,留白的手法在古今中外的文学创作中都是常用的。上海语文高考就考过莫泊桑小说结尾的留白手法,记得吗?

# 古诗鉴赏与春节民俗文化

语文高考题,特别是古诗鉴赏题,常常会涉及相关的民俗文化知识。不掌握这些知识,往往就无法理解相关的文句和诗句的含义。例如,王维的《九月九日忆山东兄弟》:"遥知兄弟登高处,遍插茱萸少一人。""登高"是九月九日(农历)重阳节的一种习俗,而插茱萸草更是古代一种特有的民俗。兄弟们登高处插茱萸,想到身边少了一位兄弟,即王维,表示对王维的无限怀念,实际上是侧面描写,反客为主,表露的正是诗人自己对家乡亲人的无限思念,十分含蓄而深沉地呼应全诗一、二句"独在异乡为异客,每逢佳节倍思亲"的主旨。

中华民俗文化主要表现在传统节日中。如:(1)正月初一,农历新年第一天。正月,也叫元月。(2)正月十五,元宵节，又称上元节、灯节。（3）三月三，上巳节，官民们爱去水边春游。（4）寒食节，在清明节前一或二日，这个节日中需禁火，不吃热食。（5）清明节，凭吊先烈，祭扫先人墓。（6）社日，祭祀土神的节日。华夏民族的土神称为"社"，谷神称为"稷"，故"社稷"为国家的代称。每年春分前后谓之"春社"，秋分前后谓之"秋社"。（7）端午，又称端阳节。农历五月初五，相传为屈原投江日，每年此时，划龙舟，吃粽子，纪念屈大夫。（8）伏日，即民间所说"三伏"，指一年中最热的时候。在夏至以后依次有初伏、中伏、末伏。（9）七夕，农历七月初七，又名七巧节，相传是牛郎织女相会之日。（10）中秋节，农历八月十五，古诗中常以写月色表达思乡、思亲之情。（11）重阳，农历九月九日，又称"重九"，以"重"之谐音，表达对老年人的长寿祝福，今人又称之"尊老节"，登高、吃糕、插茱萸等习俗也有祝福高寿之意。（12）小阳春，又称小春，指农历十月，有些地区这时候温暖如春。（13）祭灶神，农历十二月二十三日或二十四日，传说中灶神爷该日上天述职，古人祭祝，送其上天，为自己来年的福寿，在玉帝处说些好话。（14）腊八节，农历十二月初八，古人有吃"腊八粥"的习俗。（15）除夕，指农历一年最后一天的晚上，也叫"岁除""年夜"。

下面结合相关古诗，着重介绍春节的民俗，后面会再举例介绍一些传统节日的民俗。

> 爆竹声中一岁除,春风送暖入屠苏。
> 千门万户曈曈日,总把新桃换旧符。

这是北宋大政治家王安石写的一首脍炙人口的咏春节的《元日》诗。春节是我国汉族传统节日中影响最大、最隆重的节日。相传四千多年前,我国已开始有欢度新年的活动。

以"春节"来称农历元旦是辛亥革命以后的事。几千年来,我国历法一直采用农历(阴历),辛亥革命后改用公历(阳历),因此出现了两种"年"和两个"元旦"。为了区分农历和公历两个"元旦",又因为一年二十四个节气中的"立春"在农历年前后,所以就把农历年称作"春节",意味着冬去春来。春节的种种习俗,表达着人们祈求国泰民安、生活幸福的心愿。

我国春节一般从腊月二十三"祭灶"(又叫"小年")开始,到正月十五"上元节"止。从"小年"到"除夕",叫"迎春日"。民间从"小年"开始,就拉开了春节的序幕。

"二十四扫房日,二十五扫尘土。"春节搞卫生用的扫帚、簸箕、鸡毛掸子都要用新的,以图吉利。"二十七洗疚疾,二十八洗邋遢。"传说春节前洗澡理发,有消灾去病之功效,因此从祭灶到除夕,澡堂子、理发店熙熙攘攘门庭若市。农村还要杀猪宰羊,欢庆新春佳节。

除夕夜俗称"年三十",是一年中最隆重的夜晚。是日庭院房舍打扫得干干净净，春联、年画、门神都粘贴整齐，门前高挂红灯，家家要蒸年糕。男女老少里里外外都换上新衣，妇女儿童更要精心打扮。过去年轻妇女头上戴着红绒福字和各式鲜艳的绢花，老太太们头上也插朵红石榴花，人人盛饰，个个艳装，好一派节日景象。

除夕之夜，家人团聚，拜家庙、祭祖宗、吃团圆饭。亲朋邻里互相拜贺，谓之"辞岁"。全家包饺子，做年饭，玩牌，饮酒，谈古论今，彻夜不眠谓之"守岁"。儿童更是放鞭炮、抖空竹，欢呼雀跃，闹个不休。庭院遍撒芝麻秸秆，人行其上谓之"踩岁"。烧松柏枝谓之"驱岁"。岁与祟谐音，踩岁，驱岁，是为了驱鬼祟，祛不祥。

正月初一俗称过年。守岁的人盼到子时到来，就宣告新的一年开始了。"三元"之时，即"岁之元，月之元，日之元"，是春节活动的高潮。零点钟声一响，鞭炮齐鸣，花灯竞放，烧纸焚香，送玉皇大帝回天宫，迎诸神和灶王回人间。祭祖后吃饺子。元旦子时吃饺子取"更岁交子"之意。

春联，是楹联的一种，是我国人民新年期间，书写张贴于门上的两句对偶形式的庆贺文字，故又名"对联""对子"或"春帖"。其特点，对仗工整，平仄协律。它是古典诗、词、曲的发展，具有很高的文学性和审美意义。新年贴春联，早已是中华民族特有的风俗。它源远流长，影响很广，不仅受到国内人民的喜爱，而且在日本、朝鲜以及东南亚各国也颇受欢迎。

春联的前身叫"桃符",写春联叫"题桃符"。

据记载,春联始于成都。五代十国时期,后蜀主孟昶写的对联,现在公认是第一幅春联。联文是"新年纳余庆,嘉节号长春",至今已有一千多年的历史了。

孟昶写联句,原本是表示吉祥之意。谁知就是在这新的一年刚开始时(公元965年),宋太祖赵匡胤统一后蜀,俘虏了孟昶等,并派遣吕余庆做成都的地方官。同时宋太祖把自己的生日称为"长春节"。孟昶的春联仿佛是未卜先知的谶语,成了亡国的先兆。在相信图谶和迷信的古代,这种巧合,产生了神秘而巨大的影响。人们便认为贴春联可以祈祷。于是文人墨客竞相效法。他们贴出吉祥如意的美好词句,希望在新的一年也能如愿以偿,于是相沿成习,天下流行。

从孟昶作春联开始,又经历了宋、元等朝代,桃木板渐为纸张(黄色纸或红色纸)所代替,但人们还称呼它为"桃符"。苏东坡诗云:"老去怕看新日历,退归还拟旧桃符",可以为证。

兰荷菊梅开满墙,满屋似闻花芬芳。
引来燕雀檐前闹,直冲屋里抖翅膀。

这首吟年画的诗,描绘了春节将至,家家户户挂年画的喜庆气氛。

年画，是我国特有的一种绘画体裁，由于每逢春节之际张贴，故称年画。年画的历史悠久，最早出现的是"门画"，俗称"门神画"，是由古人"驱凶避邪"的祈年活动演变而来的。正式称年画，始于清代的光绪年间。

　　　　能使妖魔胆尽摧，身如束帛气如雷。
　　　　一声震得人方恐，回首相看已化灰。

这是《红楼梦》第二十二回中的一则灯谜，谜底即爆竹。新年时节，爆竹声声，震耳欲聋，是我国古老的民间习俗。

燃放爆竹的记载，最早见于《诗经·庭燎》。其诗曰："夜如何其？夜未央，庭燎之光。君子至止，鸾声将将。""庭燎"是庭院里点燃的火烛，古代的烛，用的是麻竹或苇竿，一烧起来，竿内的空气膨胀，发生噼噼啪啪的响声，"鸾声将将"就是描写这些竹竿爆裂发出的声音。一直到唐代，古人用的都是这种名副其实的"爆竹"。唐代诗人来鹄的《早春》诗还有这方面的描写："新历才将半纸开，小庭犹聚爆竿灰。""爆竿"也就是"爆竹"。

　　　　千门开锁万灯明，正月中旬动帝京。

三百内人连袖舞，一时天上著词声。

(《正月十五夜灯》)

唐代张祜这首诗生动地描绘了唐时热闹而富有色彩的灯节活动。

相传这个节日最早是在开春为了求得蚕丝丰收而于此日祭祀"地神"的。后来因汉代人迷信"太乙天神"，从正月十五日黄昏开始，通夜在灯火中祭祀，因而逐渐形成了这天夜里张灯的习俗。古人把正月十五日的灯节称为"上元节"（七月十五日为"中元节"，十月十五日为"下元节"），又称"元宵节"。

元宵争看采莲船，宝马香车拾坠钿。
风雨夜深人散尽，孤灯犹唤卖汤元。

清代诗人李调元的这首诗，生动地再现了两百多年前的元宵节实况。

元宵节吃元宵，意在祝全家团圆和睦，并借以表达在新的一年中康乐幸福的心愿。

一时欢乐一时愁，想起千般不对头。
如若想得千般到，自解忧来自解愁。

猜灯谜，这首诗就是一个谜语，它的谜底正是"猜谜"。谜灯，是一种文字联想的游戏，它给节日带来欢乐。每逢元宵佳节，人们制成谜条悬灯贴挂，前来猜谜的人络绎不绝，热闹非凡。

以上简单地介绍了一些和春节相关的民间习俗以及诗歌，后面会再介绍一些有关的农历知识和其他的民俗文化，以帮助大家提高古诗鉴赏能力。

## 古诗·节日·民俗

我曾经问一位中学生：端午节有什么民俗？他脱口而出：吃粽子。那么，中秋节呢？当然是吃月饼。过春节呢？吃年夜饭……

中国大概是崇尚吃文化的，是"舌尖"文化，所以，其定义也为"舌尖上的中国"。几千年的传统竟然荡然归一，实在遗憾。而在鉴赏古诗时，如果对华夏传统的节日和习俗文化茫然无知，显然是不行的。尤其是高考，稍一疏忽，全题失误。有一年考题，考到"社日"，不少学生竟然不懂这两个字的意思，整道题当然也没法答对了。

补补课，非常重要。前面已讲述了有关春节的习俗，下面再简单介绍各传统节日的习俗。

中国传统节日主要有如下一些。

春节（农历正月初一）、元宵节（农历正月十五）、头牙（农历二月初二）、三巳（又叫上巳，三月三，官民都爱去水边游览）、寒食节（清明节前一两天）、清明节（清明节气）、端午节（农历五月初五）、七夕（农历七月初七）、中元节（农历七月十五）、中秋节（农历八月十五）、重阳节（农历九月初九）、冬至（冬至节气）、腊八节（农历腊月初八）、尾牙（农历腊月十六）、祭灶（农历腊月廿四）、除夕（农历十二月卅日）。

春节习俗：守岁，放鞭炮，贴春联，拜年，吃饺子等。

元宵节习俗：由于元宵有张灯、看灯的习俗，民间又习称为"灯节"。此外还有吃元宵、踩高跷、猜灯谜、舞龙、赏花灯、舞狮子等风俗。

立春习俗：山西民间流行春字歌："春日春风动，春江春水流。春人饮春酒，春官鞭春牛。"这讲的就是打春牛的盛况。还有一些地方会在立春时迎春喝"败毒膏"，一种使人不长口疮的药膏。

寒食节习俗：有上坟、郊游、斗鸡子、荡秋千、打球、牵钩（拔河）等。其中上坟之俗，是很古老的。中国过往的春祭都在寒食节，直到后来才改在清明节。

清明节习俗：除了讲究禁火、扫墓，还有踏青、荡秋千、蹴鞠、打马球、插柳等一系列风俗体育活动。

端午节习俗：悬钟馗捉鬼像，挂艾叶、菖蒲、榕枝；家家以菖蒲、艾叶、榴花、蒜头、龙船花、榕枝，制成人形称为艾人。赛龙舟——当时楚国人因舍不得贤臣屈原死去，于是有许多人划船追赶拯救。吃粽子——荆楚之人，在此日煮糯米饭或蒸粽糕投入江中，以祭祀屈原。饮雄黄酒——此种习俗，在长江流域地区的人家很盛行。佩香囊——端午节小孩佩香囊，不但有避邪驱瘟之意，而且有襟头点缀之风。香囊内有朱砂、雄黄、香药，外包以丝布，清香四溢，再以五色丝线弦扣成索，作各种不同形状，结成一串，形形色色，玲珑夺目。

七夕习俗：有女子于七夕夜向织女星穿针乞巧等风俗，现在受西方国家的影响，中国越来越多的情侣把那天视为中国的情人节，男女双方会互赠礼物，或外出约会。

中元节习俗：中元节时，道教宫观如北京地安门火神庙、西便门外白云观为了祈祷"风调雨顺、国泰民安"照例举办"祈福吉祥道场"。佛教徒在这一天要举行盛大的盂兰盆会。中元节期间，老北京还举行制法船，放荷灯、莲花灯，祭祖，唱"应景戏"等活动。

中秋节习俗：中秋祭月在我国是一种十分古老的习俗。据史书记载，早在周朝，古代帝王就有春分祭日、夏至祭地、秋分祭月、冬至祭天的习俗。

重阳习俗：每到重阳，人们就会想起王维写的"独在异乡为异客，每逢佳节倍思亲。遥知兄弟登高处，遍插茱萸少一人"这首诗。自古以来，重阳节就是人们敬老爱老、思念双亲、渴望团圆的日子。具体习俗有登高，吃重阳糕，赏菊并饮菊花酒，插茱萸和簪菊花等。

冬至习俗：在中国北方地区有冬至宰羊，吃饺子、吃馄饨的习俗；南方地区在这一天则有吃冬至米团、冬至长线面的习惯。各个地区在冬至这一天还有祭天祭祖的习俗。

腊八节习俗：喝腊八粥，泡腊八蒜等。

尾牙习俗：(1) 福建地区把做"尾牙"之后的日子，即农历十二月十七日到二十二日作为赶工结账时间。所以，也称二十二日为"尾期"。"尾期"前可以向各处收凑新旧账，延后则就要等到明年新年以后才收账了。所以"尾牙"的饭吃完后，就有几天好忙。过了"尾期"，即使身为债主，硬去收账，也可能会被对方痛骂一场，说不定还会被揍，也不能有分毫怨言。(2) 商人和农人在"尾牙"这一天，除了供奉神明，也要招待自家的雇工，对于来年是否继续雇用一个人，也要在本日作最后的决定。所以，这算是慰劳日，又是礼貌相送日。

祭灶习俗：民间传说，灶王爷自上一年的除夕以来就一直留在家中，以保护和监察一家；到了腊月二十三日灶王爷便要升天，去向天上的玉皇大帝汇报这一家人的善行或恶行。送灶神的仪式称为"送灶"或"辞灶"。

除夕习俗：这一天对华人来说是极为重要的。这一天人们准备除旧迎新，吃团圆饭。在古代，一些监狱官员甚至放囚犯回家与家人团圆过年，由此可见"团年饭"何等重要。贴春联——春联也叫门对、春贴、对联、对子、桃符，等等，它以工整、对偶、简洁、精巧的文字描绘时代背景，抒发美好愿望，是我国特有的文学形式。在民间人们还喜欢在窗户上贴上各种剪纸——窗花。中国民间还有"开门爆竹"一说，即在新的一年到来之际，家家户户开门的第一件事就是燃爆竹。

下面举些例子说明古诗中多侧面地写到农历节日。

《诗经·郑风》中有一首民歌《溱洧》，其中说到：一对青年男女，要到溱洧二河边上去看集会，他们相互逗笑，并赠送芍药。高亨《诗经今注》说："郑国风俗，每逢春季的一个节日（旧说是夏历三月初三的上巳节），这首诗正是叙写这个集会。"实际上，郑国的上巳节是我们已知的最早的情人节，后来才移到七夕节。

杜甫有"江边踏青罢，回首见旌旗"（《绝句》）诗句，孟浩然有"岁岁春草生，踏青二三月"（《大堤行》）诗句，可见当时踏青之风。

"火树银花不夜天，游人元宵多留连。灯山星桥笙歌满，金吾放禁任狂欢。"正月十五日是一年中第一个月圆之夜，故称"元（月）宵（夜）"。

传说介子推于三月五日为火所焚，国人哀之，每岁春暮，为不举火，谓之禁烟。唐代王建《寒食行》："寒食家家出古城，老人看屋少年行。丘垅年年无旧道，车徒散行入衰草。"在唐代寒食扫墓，后来与清明祭扫合为一事。

农历七月七日，为牵牛织女聚会之夜。是夕，家家女子结彩缕，穿七孔针，或陈几筵酒脯瓜果于庭中以乞巧。如果有蜘蛛在瓜果盘上结网，就算应验。唐代刘言史《七夕歌》："碧空露重彩盘湿，花上乞得蜘蛛丝。"杜甫在《牵牛织女》诗中也写过这种风俗。

立秋后第五个戊日，约新谷登场的八月，是为秋社。陆游有《秋社》诗云："雨余残日照庭槐，社鼓咚咚赛庙回。又见神盘分肉至，不堪沙雁带寒来。书因忌作闲终日，酒为治聋醉一杯。记取镜湖无限景，苹花零落蓼花开。"

综上所述，不了解农历、农历节日等民俗的一些基本知识，要读懂古诗是很困难的，这就像不懂音乐，没有一双能欣赏音乐的耳朵，花了高价进音乐厅，听到的只能是一批乐器的轰鸣声，而无法理解旋律的美妙。

## 古诗·农历·纪时

  诗歌是田园牧歌,是农耕社会的产物。像唐诗宋词那样诗歌鼎盛的时代,一去不复返了。我这样的观点自然也招致不少人,尤其是诗人朋友们的抗辩和反驳。但是,无论怎样解释和辩驳,在现代工业文明和高科技信息发展的时代,诗歌这种文学样式的式微毕竟是不可抗拒的。
  文学作品是时代的产物,同理,要理解和鉴赏文学作品就必须理解那个时代。读古诗,就必须掌握中国古代农业社会一些必要的知识,例如,中国的农历就是重要的知识点。而农历节日、民俗风气等古文化常识也应予以了解。
  下面举一组古诗诗句,我们能从诗句的字面了解诗中描写了什么季节景物,表现了诗人什么样的情感吗?

儿童急走追黄蝶，飞入菜花无处寻。

（杨万里《宿新市徐公店》）

沾衣欲湿杏花雨，吹面不寒杨柳风。

（志南《绝句》）

癫狂柳絮随风舞，轻薄桃花逐水流。

［杜甫《漫兴九首》（其五）］

众芳摇落独暄妍，占尽风情向小园。

（林逋《山园小梅》）

鹫峰遥度西风冷，桂子纷纷点玉壶。

（王洊《平湖秋月》）

茅檐三日潇潇雨，又展芭蕉数尺阴。

（陆游《夏日杂题》）

中庭地白树栖鸦，冷露无声湿桂花。

（王建《十五夜望月》）

故乡今夜思千里，霜鬓明朝又一年。

（高适《除夜作》）

可以说，不懂农历节气和花卉植物生长规律，上面的问题无法回答。同样，由农历形成的民俗、民风知识也是十分重要的。语文高考题中常涉及这个方面。有道高考题要求鉴赏刘克庄的词《贺新郎》：

深院榴花吐。画帘开、束衣纨扇，午风清暑。儿女纷纷夸结束，新样钗符艾虎。早已有、游人观渡。老大逢场慵作戏，任陌头、年少争旗鼓。溪雨急，浪花舞。　灵均标致高如许。忆生平、既纫兰佩，更怀椒糈。谁信骚魂千载后，波底垂涎角黍。又说是、蛟馋龙怒。把似而今醒到了，料当年、醉死差无苦。聊一笑，吊千古。

这首词的阅读鉴赏并不容易，有的人甚至根本看不懂。但掌握了必要的常识，就可以答出考题：这首词写的是农历五月（"榴花吐"），端午节划龙舟的热闹场面（"年少争旗鼓。溪雨急，浪花舞"），写到的民俗还有吃粽子（"椒糈""角黍"），纪念伟大的诗人屈原（"灵均"）。作者看到这种情景，表示我们不但要用划龙舟、吃粽子这样的方式来纪念屈原，更应赞颂、发扬他的高风亮节。

下面具体谈谈农历、农历节日和民俗民风吧。

中国的农历可以追溯到公元前21至前16世纪的夏朝，因而又称为夏历。农历的发明、完善和普及，使幅员辽阔的古代农村对农时的掌握变得简单易行。而农历节气的产生，更能使农民按节气务农而不误农时。

所谓节气，就是一年中二十四个特定的日期：立春、雨水、惊蛰、春分、清明、谷雨；立夏、小满、芒种、夏至、小暑、大暑；立秋、处暑、白露、秋分、寒露、霜降；立冬、小雪、大雪、冬至、小寒、大寒。

一个月有两个节气，一年春、夏、秋、冬四季，每个季节三个月，有六个节气。

不要小觑这二十四个节气，很多古诗的鉴赏是离不开节气知识的。所以要熟悉乃至背出这二十四节气。我们可以用一首七绝诗二十八个字来背诵：

> 春雨惊春清谷天，夏满芒夏暑相连。
> 秋处露秋寒霜降，冬雪雪冬小大寒。

从节气的名称可以看出，它们都显示了某种气候、景观、概念、特征，用作农业生产的节点、日程、指导、警示，并与特定的农时相联系，如耕耘、播种、除草、间苗、整枝、施肥、除虫、收获等，甚至直接与农作物的某种作业相联系，如稻、麦、豆、小米、高粱、蚕、油菜、茶、漆、蔬菜、水果、花卉树木等，而与花木的联系更为明显。所以，要读懂故事中的景物描写，不懂节气是不行的。自古以来，与节气相关的或从节气产生的民谣、谚语、民歌、口诀、诗歌、绘画等得到广泛传播，同时也成为指导农业生产的诀窍和日常生活的经验。

古诗写到二十四节气的不少，举例如下。

关于立春的诗词，辛弃疾《好事近·席上和王道夫赋元夕立春》下阕："红旗铁马响春冰，老去此情薄。惟有前村梅在，倩一枝随着。"《诗经》里多次出现的"昔我往矣，杨柳依依。今我来思，雨雪霏霏。行道迟迟，载渴载饥"也暗示是立春天气。

有关雨水的天气谚语，如"雨水有雨百阴""雨水有雨庄稼好，大春小春一片宝""冷雨水，暖惊蛰；暖雨水，冷惊蛰""立春天渐暖，雨水送肥忙"。这是写的是雨水和惊蛰。陶渊明有《拟古》诗曰："仲春遘时雨，始雷发东隅。众蛰各潜骇，草木纵横舒。"还有唐代诗人韦应物的《观田家》："微雨众卉新，一雷惊蛰始。田家几日闲，耕种从此起。"

写春分："吹面不寒杨柳风""忽如一夜春风来，千树万树梨花开""碧玉妆成一树高，万条垂下绿丝绦""林花著雨燕脂湿，水荇牵风翠带长"（杜甫《曲江对酒》）。

写清明："清明时节雨纷纷，路上行人欲断魂。借问酒家何处有？牧童遥指杏花村。"（杜牧《清明》）

写立夏："落絮濛濛立夏天，楼前槐树影初圆。"（无名氏《宫词》）

写七夕："河边织女星，河畔牵牛郎。未得渡清浅，相对遥相望。"（孟郊《古意》）

写中秋："满目飞明镜，归心折大刀。转蓬行地远，攀

桂仰天高。水路疑霜雪，林栖见羽毛。此时瞻白兔，直欲数秋毫。"（杜甫《八月十五夜月》）

其他不再多举例。

下面讲讲二十四节气的含义，这对于理解古诗是非常有用的。

立春："立"是开始的意思，立春就是春季的开始。

雨水：降雨开始，雨量渐增。

惊蛰："蛰"是藏的意思。惊蛰是指春雷乍动，惊醒了蛰伏在土中冬眠的动物。

春分："分"是平分的意思。春分表示昼夜平分。

清明：天气晴朗，草木繁茂。

谷雨：雨生百谷。雨量充足而及时，谷类作物能茁壮成长。

立夏：夏季的开始。

小满：麦类等夏熟作物籽粒开始饱满。

芒种：麦类等有芒作物成熟。

夏至：炎热的夏天来临。

小暑："暑"是炎热的意思。小暑就是气候开始炎热。

大暑：一年中最热的时候。

立秋：秋季的开始。

处暑："处"是终止、躲藏的意思。处暑是表示炎热的暑天结束。

白露：天气转凉，露凝而白。

秋分：昼夜平分。

寒露：露水已寒，将要结冰。

霜降：天气渐冷，开始有霜。

立冬：冬季的开始。

小雪：开始下雪。

大雪：降雪量增多，地面可能积雪。

冬至：寒冷的冬天来临。

小寒：气候开始寒冷。

大寒：一年中最冷的时候。

语文高考题中，很多诗歌的鉴赏都要知道节气的含义，才能理解诗中景物描写的含义。所以我们不妨把有关节气的知识了解和熟悉一下。

有一年语文高考出了这样一道题：我国农历采用"干支"纪年，1955年是农历_____年，1996年是农历丙子年，1997年是农历_____年。

很显然，这是在考农历的天干地支纪年法了，正确答案是：乙未，丁丑。很可惜，有的学校课堂上没有教过这个知识点，所以不少考生糊涂了。现在该补补课。

我国自古便有十天干与十二地支，简称"干支"，取义于树木的干和枝。

十天干即：甲、乙、丙、丁、戊、己、庚、辛、壬、癸。

十二地支即：子、丑、寅、卯、辰、巳、午、未、申、酉、戌、亥。

十二地支又与十二生肖对应：子鼠、丑牛、寅虎、卯兔、辰龙、巳蛇、午马、未羊、申猴、酉鸡、戌狗、亥猪。

天干地支纪年算法很简单，只要上下相加即可。如，甲子，乙丑，丙寅……但天干只有十个，用完了，又要返回到"甲"开始。即，甲戌年，乙亥年，丙子年，丁丑年……

十和十二的最小公倍数是六十，所以十位天干和十二位地支相搭配（奇数位配奇数位，偶数位配偶数位），最少可组成六十位，由此形成了"六十干支"，又因以"甲子"开头而称为"六十甲子"，或"六十花甲"。

六十甲子被用以记录时间，即纪年、纪月、纪日、纪时，其中纪年法使用最广泛，如今仍然是我国农历的纪年方法，即"干支纪年法"，称为农历某某干支年，农历年与公历年并不重合，如公历 2013 年是农历癸巳年（公元 2013 年 2 月 10 日春节至 2014 年 1 月 30 日除夕）。读者不妨思考一下，今年是农历哪一年呢？

古人纪月也有用天干地支的，但古诗中用得较少，下面我们可以了解一下对月份的俗称。

一月：正月、端月、陬月、孟陬、孟春。

二月：杏月、丽月、仲春、如月。

三月：季月、晚春、暮春、蚕月、桃月、季春。

四月：麦月、阴月、梅月、纯阳、余月、清和月、槐月、孟月。

五月：仲夏、榴月、蒲月、皋月。

六月：季夏、暑月、焦月、荷月。

七月：新秋、兰秋、兰月、瓜月、巧月、霜月、孟秋、相月。

八月：仲秋、桂月、壮月、竹春。

九月：暮商、季秋、菊月、朽月、玄月。

十月：初冬、开冬、露月、良月、阳月、小阳春、孟冬。

十一月：仲冬、辜月、葭月、龙潜月。

十二月：腊月、季冬、残冬、冰月、严月、嘉平月。

可以看出，这些称呼多和花草树木的生长有关，这就便于我们读懂诗中描写的是什么季节的景色。"接天莲叶无穷碧，映日荷花别样红。"（杨万里《晓出净慈寺送林子方》）一看就知是写盛夏六月。

纪日，按干支、序数来纪都有。

如，元丰七年六月丁丑。"元丰"是皇帝年号，皇帝即位要改元，称元年，如阳嘉元年。古人还把每天称为"日"，明天称为"旦日"，第二天称为"翌日"，十天称为"旬、旬日"，二十天称为"兼旬"。

古人还把年叫做"载、岁、春、秋、霜"，一周年为"期年"，年年叫"累年"。

纪时，古代主要根据天色把一昼夜分为若干段。一般来说，日出时叫"旦、早、朝、晨"，日入时叫"夕、暮、昏、晚"，太阳正中叫"中日"，将近中午时叫"隅中"，太阳西斜叫"昃"。

古人一日两餐，朝食在日出之后，隅中之前，这段时间叫"食时"或"蚤时"；夕食在日昃之后，日入之前，这段时间叫"晡时"。日入之后是"黄昏"，黄昏以后是"人定"，人定以后是"半夜"，半夜以后分别是"鸡鸣"和"昧旦"，这是天将亮的时间。此后是"平旦、平明"，这是天亮的时间。例如："旦辞爹娘去，暮宿黄河边。"（《木兰诗》）"奄奄黄昏后，寂寂人定初。"（《孔雀东南飞》）"鸡鸣外欲曙，新妇起严妆。"（同上）

古人用十二地支表示十二个时辰，每个时辰恰好等于现代两个小时。这两个小时，古人把第一个小时叫做"初"，第二个小时叫做"正"。例如子时的两个小时叫做"子初、子正"。

**十二时辰表**

| 十二时 | 夜半 | 鸡鸣 | 平旦 | 日出 | 食时 | 隅中 | 日中 | 日昃 | 晡时 | 日入 | 黄昏 | 人定 |
|---|---|---|---|---|---|---|---|---|---|---|---|---|
| 时辰 | 子 | 丑 | 寅 | 卯 | 辰 | 巳 | 午 | 未 | 申 | 酉 | 戌 | 亥 |
| 现代时间 | 23—1 | 1—3 | 3—5 | 5—7 | 7—9 | 9—11 | 11—13 | 13—15 | 15—17 | 17—19 | 19—21 | 21—23 |

更,点,刻,又一种纪时方法。

古人以铜壶滴漏计时,这种仪器又叫刻漏、漏刻、壶漏、沙漏。白天计时的工具叫"日晷""圭表",是用日影测定时刻的仪器,后来在文中就借代为"时间"。

刁斗,又叫"金柝",古代军中用来守夜打更的器具,形如锅,所以白天常用来烧煮食物。宋代李冠所作的《六州歌头·项羽庙》上阕:

> 秦亡草昧,刘项起吞并。鞭寰宇,驱龙虎,扫欃枪,斩长鲸。血染中原战,视余耳,皆鹰犬,平祸乱,归炎汉,势奔倾。兵散月明,风急旌旗乱,刁斗三更。共虞姬相对,泣听楚歌声,玉帐魂惊,泪盈盈。

词中"刁斗三更"就是渲染了项羽在垓下被围时悲壮的情景。《木兰诗》中则是用寒冷夜晚的刁斗声渲染木兰将军豪迈的气概：

> 万里赴戎机，关山度若飞。
> 朔气传金柝，寒光照铁衣。
> 将军百战死，壮士十年归。

古人泛指时间的词还有的如下所示。

一会儿，片刻：顷，俄顷，少顷，俄刻，顷之，须臾，俄而，顷刻，俄，斯须。

以前：曩昔。

不久，接着：既而，寻，旋。

曾经：尝。

后，已经：既。

刚才，以前，以往：业已，向，乡。

恰巧，正在，刚刚：适，甫。

将要：行，且。

平素，一向，向来：素，雅。

立刻，就：辄，疾，亟，遽。

暂且：姑，暂。

突然：卒，猝，卒然。

慢慢地：徐。

渐渐地：稍，稍稍。

最终，终于：迄，遂，卒，竟。

以上这些基本知识，对读懂古文、鉴赏古诗很有帮助。

[唐] 李白《月下独酌》

图书在版编目(CIP)数据

诗苑非闲聊 / 汪正煜著. —上海：上海教育出版社，2015.9
ISBN 978-7-5444-6622-6

Ⅰ.①诗… Ⅱ.①汪… Ⅲ.①古典诗歌—中国—高中—升学参考资料 Ⅳ.①G634.303

中国版本图书馆CIP数据核字(2015)第227649号

责任编辑 汪　培
插图作者 朱海昱
封面设计 陈　芸

诗苑非闲聊
汪正煜　著

---

出　　版　上海世纪出版股份有限公司
　　　　　　上　海　教　育　出　版　社
　　　　　　易文网 www.ewen.co
发　　行　中国图书进出口上海公司

版　　次　2015年9月第1版
书　　号　ISBN 978-7-5444-6622-6/G·5453

www.ingramcontent.com/pod-product-compliance
Lightning Source LLC
Chambersburg PA
CBHW060502090426
42735CB00011B/2083